U0097725

千錘百鍊的百搭說話技巧！

沒有搭訕，就沒有人與人之間的交流。
主動開口去認識人，是一件很正常的事，
可知道是一回事，要踏出第一步卻很難，
到底要如何開口說出第一句……
要怎麼快速贏得對方的信任？

情境說話術

麥凡勒　主編

前言

搭訕就是主動去跟陌生人談話，藉此結識對方。

搭訕的目的不只是泡漂亮美眉，也可以交朋友，認識長輩以及尋求生意上各種商機……等等。

可是，有些人一提起「搭訕」，就露出怪怪的眼神，好像搭訕是什麼怪物上不了枱面，甚至有些見不得人。其實這種水泥腦袋實在太僵化了，以現在的社會，要出人頭地，要成爲精英，就必須擁有與眾不同的能力，語言人人會，搭訕可不見得人人敢。所以，兩人同時發現了「目標」，一個只會呆住，一個會走上前去，沒幾句話，兩人開始有說有說有笑，好像已認識一輩子了。你看多麼神奇的——人際關係開拓法！

會搭訕的人叫「交際」

不會搭訕的人叫「騷擾」

搭訕是最高級、最厲害的說話技術，除了交朋友，更是事業上的好幫手（尤其是推銷行業的專業人士），只要在社會上混的，不管男人女人，都必須正視它，並且好好學習這門說話技術。

目錄

1 如何邀約才能讓魚兒上鉤

2 初次見面的搭訕方式

3 如何讓陌生人喜歡被你搭訕

目錄

第1章

如何邀約 才能讓魚兒上鉤

邀約也有黃金技巧

邀約能否順利成功，有無技巧是關鍵。下面分別以幾個方面介紹邀約的黃金技巧。

1．邀約的三種方式

一、電話邀約。這是最常用的方式，對於新人非常適用。

二、面對面邀約。也稱自然邀約，建議新人不要使用。

·可以推崇工具（書、資料），可以推崇成功人士，從講他們的故事入手。

·可以從推崇系統培訓及你學到的知識入手，可以從分享產品入手。

·可以從分享學習心得入手，可以從推崇會議培訓入手。

三、網上溝通邀約。通過ＭＳＮ、電子郵件等實現。

2．邀約的三個原則

一、高姿態，興奮度

·高姿態。你要讓對方明顯地感到，你正在給他一個難得的結識新朋友的大好機會。切記：高姿態來自於你確實在關心別人，而不是你自己，你務必要讓對方強烈地感覺到這一點。

例如，不要在電話中說：「不見不散，我一直會等你」等沒有姿態的話。而應該說：「你一定要準時，我只能在6點30分到6點45分等你。你不能來，一定要提前通知我。過時我就不能等你啦，因爲我也很忙。」要讓對方感到你的時間非常寶貴，你的時間是用分鐘計算的。

·興奮度。要讓對方在電話中明顯地感到你的興奮和快樂。

例如，你如果打電話不興奮，你可以從樓下跑到樓上，然後接著打電話。你不應該躺在床上，而應該站著打電話。你每次打電話，都要保持高度的興奮，這要養成習慣。

二、三不談，邀約快

·三不談。電話中不談產品、不談制度（獎金制度）、不談公司（供應商）。

·邀約快。邀約就是邀約，不是講計畫。電話邀約應控制在2分鐘以內。因爲過早地談太多，對方的心門會關閉。當你與對方在電話中約好了會面時間和地點，你就要及早掛斷電話，結束邀約。

例如，你要引起對方的好奇心，最行之有效的方法，就是邀約時少講爲妙。如果要講，你也只能讓他感到你要給他提供一些資訊，或提供一個機會，或介紹一些成功人士給他認識，或給他提供一個難得的學習環境即可。

三、專業化，多推崇

‧專業化。如果你是生意人，專業化邀約和聯絡對你至關重要，你要參加這方面的培訓，並向你的朋友諮詢，最好看他們怎樣邀約。

不要強迫別人來。例如：「你必須來，不來不行。」

不乞求別人來。例如：「給我個面子，你一定要來。」

不要誤導別人來。例如：「今天我請你吃飯，你過來坐坐吧！」

不要在電話中談及——「推銷產品」、「買產品」、「賣產品」、「給你介紹一個銷售產品的生意」之類的話。

‧多推崇。統計顯示，平時多推崇成功人士的課程，或是推崇成功者的故事和觀念，到時邀約新人參加公司的會議就非常容易了。

3．邀約的兩個種類

根據對方需求選擇不同的邀約方式。

一、生意/項目導入邀約。

二、產品導入邀約。

4．三種標準邀約臺詞

在這裡，我們提供項目導入標準臺詞的標準版本。

一、熟人邀約

「李剛，你好！我是張陽！」（對方答：「哦，陽光，你好。」）

「你現在方便說話嗎？」（如果對方「方便」，就繼續；如果「不方便」，就問對方什麼時候方便，等其方便的時候再給他電話。）

「有件很重要的事，我要找你。」（在這裡停一下，對方就會問：「什麼事？」）

「哦，是這樣的，我有個朋友從新加坡帶回一個專案，我剛剛考察過，覺得很不錯。目前，這個專案正在北京啓動，需要找一些有能力又對北京市場比較了解的朋友一起合作。我一下就想到了你，我覺得這個項目很適合你。如果你願意在不影響你生意的情況下，再開展一門新生意，我們可以好好談一談。」（停下來，對方會問「什麼生意？」或「什麼項目？」）

「哦，這是一個有關電子商務的專案，在電話裡三言兩語說不清楚，到時候我會有詳細的資料給你看。我們約個時間具體談談，好嗎？（對方答：「好的。」）

「那我看一下我的時間，嗯，你明天晚上還是後天晚上方便？」（用二選一方法確定時間、地點。）

和對方確定時間後，強調：「好的，你能準時到吧？我剛開始這個項目，比較忙，如果你能準時到，我就抽時間出來見一面。」（對方一般會說「好的！」）

然後你再說：「好的，那我們到時見，順便說一下，這個專案整個談完差不多需要一個半小時的時間，你提前把時間安排好，好嗎？」（對方一般會說「好的」，到此，邀約結束。）

二、一面之交邀約

「你好！是李剛先生嗎？」（對方答：「是的。」）

「哦，我是張陽，你還記得我嗎？上次我們在什麼地方見過面，當時你給我留下了很深刻的印象。」（對方答：「哦，你好！」）

「你現在方便說話嗎？」（如果對方「方便」，就繼續；如果「不方便」，就問對方什麼時候方便，等其方便的時候再給他電話。）

「哦，這次我給你打電話，是這麼回事，最近我正在這個地區建立一個生意，剛剛起步，需要找一些有能力又比較了解當地情況的朋友合作。所以，我一下子就想起了你，我覺得你完全有能力勝任，如果你願意在不影響你生意的情況下，再發展一個項目的話，我們可以好好談一談。（對方會說：「過獎了，謝謝！是什麼項目呢？」）

「是有關教育培訓的專案，具體在電話裡三言兩語說不清楚，而且我還有些資料要讓你看。我們約個時間面談，好嗎？」（對方答：「哦，好的。」）

「那我看一下我的時間，嗯，你明天晚上還是後天晚上方便？」（用二選一方法確定時間，再確定地點，並給對方留下你的電話。）

和對方確定時間後，再次強調：「好的，你能準時到吧？這個項目我剛開始，比較忙，如果你能準時到，我就把時間空出來給你。」（對方一般會說：「好的。」）

然後你再說：「好的，那我們到時見，順便說一下，這個專案整個談完差不多需要一個半小時的時間，你提前把時間安排好，好嗎？」（對方一般會說：「好的！」到此，邀約結束。）

三、陌生邀約

「你好！是李剛嗎？」（對方答：「是的，你是誰？」）

「我們還沒見過面，是我的一個朋友張陽向我介紹了你，他說你非常優秀，讓我一定給你打個電話。」（對方答：「哦，謝謝，有什麼事嗎？」）

「是這樣的，我正在這個地區建立一個生意，剛剛起步，需要找一些有能力又比較了解當地情況的朋友合作。朋友向我推薦你，說你很適合這個專案，如果你願意在不影響你工作的情況下，再發展一點事業的話，我們可以見面談一下。」（對方答：「談什麼？是什麼生意？」）

「哦，這是一個有關教育培訓的專案，在電話裡三言兩語說不清楚，再說我對你也不了解，我想我們先見個面，坐下來一塊兒談一下，好嗎？」（對方一般會回答：「噢，好的！」）

「那我看一下我的時間，嗯，你明天晚上，還是後天晚上方便？」（用二選一方法確定時間，再確定地點，並給對方留下你的電話。）

和對方確定時間後，強調「好的，你那個時間能準時到吧？這個項目我剛開始，比較忙，如果你能準時到，我就抽點時間出來。」（對方一般會說：「好的！」）

然後你再說：「好的，那我們到時見，順便說一下，這個專案整個談完差不多需要一個半小時的時間，你提前把時間安排好，好嗎？」（對方一般會說「好的」，到此，邀約結束。）

5．電話邀約的六個步驟

⑴ 拿起電話，撥號碼。面對面邀請的難度比較高。在還未結識對方時，可以儘量用電話邀請。

⑵ 簡短聊天。互相交談，問候對方，但話說得愈簡短愈好。

⑶ 解釋不能長談的原因，並簡單說因爲什麼事情找他。避免在電話裡回答問題。記住，打電話的目的是預約見面，並非介紹計畫。例如：

① 「我有事要出門，不能與你談太久。」

② 「我要照顧孩子，不能與你談太久。」

③ 「因爲在上班，不能與你談太久。」

⑷ 定下見面的時間。預先向邀約對象定出兩個合適的時間。如果他們不能在第一個時間來，你還備有另一個時間與他們見面，這一點很重要。儘量邀請其配偶一同赴

約。例如：

你問：「您與太太在星期一晚上有事嗎？」

如對方沒事，就說：「那太好了！」

如對方有約會，就問：「您可以取消約會嗎？」

(5) 確定見面的時間。最終確定日期、時間、地點，並提醒配偶也一起出席。

(6) 邀約完成，掛上電話。

6．邀約中的問題回答

對方可能會提出一些疑問，可以用問題來回答問題，而後等待對方的答覆。

(1) 「到底是什麼生意？你可不可以說清楚一些？」

答：「哦，你聽說過新加坡成資集團嗎？」對方說：「沒有。」答：「哦，他們是亞洲最大的教育培訓公司，這個項目和這家公司有關，電話裡面沒辦法說清楚，我們見面詳談，好嗎？」

如果對方繼續問，你就說：「你的問題很好，我也很想給你講清楚，但你認爲一個專案在電話裡談得清楚嗎？」然後確定時間。

(2)「是做銷售嗎?」

答:「從某種意義上來說,是的。但我要告訴你的不只是這個。這生意涉及的層面很廣,我不知道你會對哪方面感興趣?我們見面再談吧!」

(3)「好,我到時候再給你打電話。」

答:「你最好現在就確定時間,因爲我現在眞的很忙,如果你到時候再給我電話的話,我可能沒辦法安排時間。」

(4)「你不講清楚我就不來。」

答:「那就算了,在電話裡實在不能解釋清楚,看來你不適合這個項目,我們以後再聯絡吧!」接著就掛上電話,不要在電話裡跟他們解釋,如果你讓他們留有好奇心,他們以後可能會接受你的邀請。

(5)「哦,我明後天都有安排。」

答:「你可以取消其中的一個安排嗎?這件事情對你可能很重要。」

如對方不行,就不要再談了,只說:「沒問題,過些時候我再跟你聯繫吧!」

注意:不要進一步解釋,讓他們留有好奇心。

(6)「我對教育培訓並不熟呀!」

答：「沒關係，這個專案並不要求你必須是專業做這行的。電話裡面說不清楚，我們見面再談吧！」

最後，提醒大家記住一點。那就是，邀請不是次次都能成功，不是每個人都會來，但只要你邀請得當，大多數人都會來。

魅力搭訕方法小總結

每個人都有思想，都有好奇心，都希望把自己的某些思維告訴別人，也希望了解別人的想法。眞理和創新不可能誕生在一個與世隔絕的大腦裡面，幸福和快樂更是來自於世間紅塵中，人與人相互之間的理解、關注、傾聽和撫慰。搭訕就是這一切的第一步，是爲自己的人生推開一扇扇窗和門。

在現實生活中，你是不是經常覺得上天對你很不公平？

爲什麼，你想認識的女孩不是你的同桌？

爲什麼，你想認識的女孩不是你的鄰居？

爲什麼，你想認識的女孩不是你的同事？

這個世界就是這樣，上天不可能總把你所認識的異性安排到你的身邊來。就是這樣，天上是不會掉餡餅的，心儀對象一般不會主動投入你的懷抱。所以，我們需要搭訕，用搭訕去認識你心儀的那個她（他）。

其實，有些人的初戀就是在一次不經意的搭訕下認識的。對他們來說，沒有搭訕，就沒有美眉！搭訕很重要，那我們要怎麼學好搭訕呢？下面我就來說一下。

1．第一印象

第一印象很重要，如果你心儀的美眉對你的第一印象不好，那麼很可能你還沒來得及說話，她就跑掉了。給人留下好的第一印象，要注意以下幾個方面——

(1)**髮型**。對於髮型這個東西，很多女孩子的想法是，只要不是太奇怪、太噁心就行。對大部分女孩來說，比較陽光，比較正派的，比較好接受。

(2)**外型總體感覺**。這個問題不難，只要讓人看上去很乾淨的那種感覺，女孩子是很講究感覺的，也愛乾淨。因此，只要你讓她們感覺到你很乾淨，她們會比較容易接受你的。

(3)著裝。穿得最好是大家都能接受的，不能太異類，選色要鮮豔一點，這樣就會很容易地給搭訕的對象，留下深刻印象。

另外，還要注意一些小細節，如頭髮不能亂，口氣要清新，等等。

2．經驗

很多「搭訕犯」都已經具備了上述條件，但依然搭訕不成功，這又是爲什麼呢？因爲他們還缺少搭訕最重要的東西——經驗。

當你在搭訕時，神色緊張，說話驢頭不對馬嘴，結結巴巴。你想想那女孩會接受你嗎？答案肯定是「不」！實際上，女孩子是一種很「敏感」的動物，當她感覺到你很緊張時，就會覺得你很奇怪，或是對她圖謀不軌，所以她會連理都不理你，掉頭就走。

那麼，怎麼練就搭訕的勇氣呢？這裡有幾種方法——

一、和自己的好朋友一起去搭訕

這裡的好朋友不是那些知心朋友，是對搭訕有興趣的朋友。可以讓你朋友裝成是要認識那女孩的人，你就假裝過去幫他問，這樣你是站在一個局外人的角度去搭訕，是不是輕鬆很多呢？可以直接問名字和電話後，調侃幾句馬上走人。

二、假想場景

這個和推銷員的方法很像。就是學會提升自己向別人推銷產品的勇氣。這裡把它改了一下，推薦給朋友們一試，也有很不錯的效果。

每天起床或有空的時候，假想你就在搭訕的地方，然後對著假想的對象搭訕。等你覺得你做得很自然後，你就去試著搭訕，到時你就會覺得自然很多。

三、每日練習法

這是從一位搭訕達人那裡學來的方法，不只是對搭訕，對交際也有很大幫助。這個方法分三個月來練習，雖然有點久，但磨刀不誤砍柴工嘛！

第一個月：你試著對你所看到的人「微笑」。

第二個月：你試著對你所看到的人「點頭＋微笑」。

第三個月：你要試著對你所看到的人「點頭＋微笑＋一句禮貌的『你好』」。

四、和身邊的人搭訕

這是「搭訕犯」常用的方法，就是和自己不怎麼熟的人搭訕，練習自己的搭訕技巧與勇氣。然後推廣到速食店老闆、書店老闆、網吧老闆，這樣依次類推。慢慢地，你就能成長為搭訕高手了。

3．克服搭訕前的壓力

這個應該是每個剛開始搭訕的人最頭痛的問題。其實這個不難。搭訕這一學問，最重要的是要自信。如果你沒有自信，還是先培養自信吧！

首先你要注意，搭訕前不要把你搭訕的想法和太多的朋友講，以免他們會起鬨，給你增加無形的壓力，比如：如果失敗，我不是在朋友面前丟臉了？

「搭訕犯」小匡曾經遇到過，那時他想讓朋友幫自己打氣，誰知道當他和朋友說他要去和×××搭訕的時候，他的朋友一邊慫恿他，一邊又起鬨。最後，他去搭訕了，但結果失敗了。後來，他總結教訓說，他的朋友給他太大的壓力，讓他緊張了，到那女孩面前，腦子就短路了。

還有，不要把搭訕對象看得太嚴重，當你在搭訕前，你要去想想對方的缺點，不要去想她（他）會不會拒絕你，你要想你那麼優秀對方怎麼會拒絕你呢？要儘量自大地去想，搭訕失敗了有什麼要緊？這樣又可以給自己增加經驗。再說，天下女（男）人千千萬，不和我做朋友是她（他）的損失。這樣你的勇氣就來了。

4．另外補充

要想成功搭訕，訓練自己的幽默感是必不可少的。當然有時侯你還要耍點小詭計，就像電影《全民情聖》裡威爾．史密斯說的那樣：「沒有詭計，沒有美眉。」

從心理學的角度看，女孩子大多不會主動出擊，去追求自己喜歡的男孩，除了確實太喜歡，或者是那種比較有個性的、勇敢的女孩子。所以，如果你很喜歡一個女孩子，並且認爲她對你也有點意思，那你就主動點，別跟她搞拉鋸戰讓自己難受，說不定你喜歡的人她也痛苦。

任何一個女孩子在被人追的時候，心情都是很複雜的。她也許很開心，但是又帶點惶恐，她對這個闖進自己平靜生活的男孩子，有著欲拒還迎的矛盾心理，但她不是故意的。不要以爲她在考驗你，其實她也在和自己鬥爭，她怕自己會受到傷害。

不要怕你的主動會帶來她的反感，你不主動，她也不主動，就慢慢淡下來了。如果你開始的表白被她拒絕，那也很正常。不要氣餒，誰知道這個女孩子心裡在想什麼呢？也許你再表白兩次，她就會被你打動，一個心地善良的好女孩是很容易感動的。你的過度的自尊心，可能會傷害女孩子敏感的心。她會認爲你不是眞誠地喜歡她，要不怎麼會就這麼放棄她了？

有人說，做男人眞難，追女孩子太不容易了。其實呢？這種現象跟男人和女人的社會角色定位是分不開的。從生理和社會的角度看，女人總是被動的。

如果反過來，讓男人脈脈含羞，女人變得勇往直前，世界才亂了套呢！女人的羞澀總是美好的、動人的……我們總是聽說某個勇敢的男人戰勝了多少多少困難，最終獲得佳人芳心。相反的例子卻少得很。

有的男生就怕別人說自己死纏爛打，落下不好的名聲。可是，追求自己喜歡的女孩子，受了挫折繼續對這個女孩子好，恰恰能證明你確實很喜歡她，很有誠意。如果沒成功，也不遺憾，誰讓你喜歡呢！

男人就應該勇敢點，女孩子本來就感性，容易沉浸在愛情裡。雖然你付出了辛苦，而一旦你的眞心打動了她，那麼你得到的將是更長久且加倍的愛。這樣的例子，身邊比比皆是。女孩子對自己的男朋友都是很溫柔很貼心的，爲了換來這份甜蜜，開頭的辛苦實在算不了什麼，而且，大多好女孩都愛得挺投入、挺專一的。

所以，建議男士們勇敢一點，去追求自己喜歡的女孩子，不要那麼畏畏縮縮，一來是讓人覺得你沒男人氣概，二來是你自己感覺挺難受的。而最重要的是：最後你什麼都得不到。幸福總是自己爭取來的，不能指望別人的施捨！

「街搭」實戰例子總匯

現在流行什麼？自然是聊天交友，很多人習慣於「網搭」，因爲「網搭」無界限，不必面對見面的尷尬。可是，誰不想來個「街搭」的轟轟烈烈？那麼，怎麼讓街頭搭訕成爲搭訕的主導，而「街搭」時最重要的又是什麼？

有人說，是勇氣。男人的接近焦慮，導致了面對美女時心跳加速、頭腦遲鈍等等。大多數男人都有這種焦慮，想想即使是演講大師，上臺演講前也會有演講焦慮。我輩凡人，當然難免，能夠克服焦慮勇敢上前，就是成功的第一步。擁有勇氣，你就脫離了那些畏縮不前的「挫男」群體。

有人說，街搭主要是爲了能要到電話。任何一次搭訕，如果沒有要到電話，就是白搭，要到電話，才有機會進行下一步。

有人說，主要是要有有效的交流。如果沒有有效的交流，那麼即使要到電話，也是「死」號碼，不可能跟美眉有進一步發展。不是有好多「搭訕犯」拿到無數電話，卻沒有多少人能建立聯繫嗎？

其實，勇氣，是第一步；有效交流，是手段；電話，並不是眞正的目的。

如果一個美眉遇到的搭訕，能讓她回味一整天，甚至一個多星期還難以忘記，那就是成功。如果一個美眉遇到的搭訕能讓她一生都難以忘懷，那個「搭訕犯」不用問，就是一個高手。

如果一個「搭訕犯」能夠留給美眉美好的回憶，這次搭訕就是很完美的。要到電話與否，眞的很重要嗎？

那麼，這些高明的「搭訕犯」，他們是如何做到這一點的？就是通過吸引力。所以，建立吸引力才是街頭搭訕最重要的部分。建立吸引力，就是展示高價值。所有的勇氣、自信，相貌、著裝，幽默、風趣，無一不是吸引力的一部分。

「搭訕犯」們，不要再以拿到電話來衡量成功了，從各方面綜合提高自己，把搭訕變成吸引的過程吧！下面列舉一些「搭訕犯」寫的「街搭」成功經歷——

第一幕——

我早早起來，洗了個澡，好好打扮了一番，充滿自信地出門，準備去女人街給一位女性朋友買件小禮物。

走了一會，我看到一個地方賣桃木鑰匙鏈和梳子，還給免費刻字。我買了一個

「執子之手，與子偕老」的鑰匙鏈，讓老闆刻上我和我女友的名字。那裡有一個本子，叫大家把準備刻的東西寫在上面。

這時候我想起來，我的那個女性朋友最近剛和男友分手，很傷心。我就給她買了把梳子，梳子上刻了兩行字：自古多情空餘恨，願你找個好老公。

這時候，過來兩個姑娘，打扮很時尚，長得也不錯。一個紮馬尾辮，戴著太陽眼鏡；旁邊那個留著貌似芭比娃娃的頭髮。她們看到這邊刻字，就過來看。

因爲那個執子之手的鑰匙鏈很經典，她們一眼看中了。

馬尾辮：「老闆，這上面的花紋可不可以抹掉，我想刻其他的內容。」老闆還沒說話，我就插口說：「不可以，這桃木上面有層東西保護著內部呢，抹掉以後，很快就壞掉了。」（我借用了老闆剛才跟我說過的話。）

馬尾辮：「不可以啊？唉，好不容易挑到一個。咦？你那刻的什麼？」（指著我的梳子）

我把梳子遞給她：「你自己看。」

馬尾辮：「是不是給女朋友刻的啊？（看了一下）啊？不是啊，你這是給誰刻的啊？」

我：「我有個女同學，她最近剛剛和男朋友分手，很傷心。我怕她難受，就想送她個東西緩解一下她的心情。」

講這些的話的時候，女孩感覺出我很細心，很關心朋友。那個芭比娃娃眼前一亮：「你還滿細心的嘛！」

我：「嗯，謝謝！你們這是給誰買東西啊？」

芭比娃娃：「我想買這個東西（執子之手鑰匙鏈），不過我只能自己用，沒有男朋友。」

我：「嗯，這個東西很不錯的啊，我也買了一個。」

馬尾辮為了方便我倆說話，從我倆中間走到一邊，給我們留下了空間。

馬尾辮對我說：「你看看我用哪個好一點。」

芭比娃娃爭著說：「我這個上面刻什麼好呢？你幫我想想。」

我對馬尾辮說：「那邊那麼多呢，你先挑一下。」

回頭對芭比娃娃：「你給誰用呢？」（那鑰匙鏈是一對的）

芭比娃娃：「我倆啊，我倆形影不離的。」

我：「這也沒多大地方可以刻，不如把你們各自的姓的拼音刻上吧！」

芭比娃娃：「好啊！」（她就拿來老闆的本本，準備寫東西，結果旁邊一個紋身館的人剛把筆借走，這裡沒筆。）

我：「啊，我這裡有筆。」（從挎包裡拿出筆給她用）

她寫下了：「Bai Zhao。」

我：「你姓趙嗎？」

芭比娃娃：「不啊，我姓白，她姓趙。」

我（故意想了一下）說：「哪個白字啊，我琢磨著呢！」

芭比娃娃直接在紙上面寫下：白雪。

我使了個眼色：「她呢？」

白雪寫下：趙麗麗。

白雪把本給我：「你呢？」

我指了指前面我寫在本上的名字（往鑰匙鏈上刻的字）：「這就是。」

白雪：「你哪裡人啊？」

我：「山西人。」

白雪：「老鄉啊！我也是。」

我：「你哪裡的？」

白雪：「我西安的。」

我：「哇，你聽錯了。我是山西的，不是陝西的。哈哈哈，半個老鄉啊！我是太原的。」

趙麗麗：「我也是西安的。」

我：「你們來這邊旅遊嗎？」

兩女齊聲說：「不是，在這邊工作。你呢？」

我：「我在這邊出差，忙幾天就回去了。」

她們失望地說：「哦。不過我們下個月就從公司調回西安了，我們離得很近啊。有時間來西安玩啊！」

我：「是嗎？我去了西安找得到你們嗎？」

白雪：「有緣的話，肯定找得到。」

大家哈哈一笑。

這時候老闆給我刻完了字。

我抬頭說：「我要走了。」

白雪：「哦。」

我掏出手機，遞給她：「我以後去西安找你玩啊！」

白雪本能地拒絕了一下：「不好吧。」

我假裝失望：「嗯？」

趙麗麗用手搖了一下白雪的手臂。白雪立刻改口說：「那好吧！」

她接過手機，撥了一下號，我把手機收回口袋說：「我記下你的號碼了！」

然後我就繼續逛街。之後大概到了12點多，我去一個大一點的店，買了根手鏈，出來結帳的時候，有個收銀員美眉不錯。

我當時手上拿著一個空飲料瓶子。

給她錢的時候說：「請問你這裡有垃圾桶嗎？」

她說：「有啊！」（指了一下櫃檯裡面）

我就把飲料瓶子給她，她扔掉。

我對她說：「12點了，咱們去哪吃飯呀？」

她笑了：「你這人眞有意思，我又不認識你，不和陌生人吃飯。」

我順手拿起櫃檯上的筆和紙，工工整整地寫下自己的名字：「看到了嗎？現在認識了吧！」

她依舊笑嘻嘻的：「這不算認識。」

我把紙筆給她：「寫下你的名字。」

她猶豫了一下，寫下了。

我說：「這下我們算認識了吧？」

她笑著說：「算認識了吧，但是我不和不熟悉的人吃飯。」

我又用筆寫下我的手機號，然後遞給她。

我說：「你的手機？以後我們熟悉了，我請你吃飯。」

她猶豫了一下，就寫下了。當時旁邊站的那麼多姑娘，都用崇拜的眼神看我們，覺得我們之間就像演電影一樣。我估計她是因爲享受大家專注的感覺，才不得不給我電話的。

上述例子中涉及到「街搭」時最常見的問題，有些人不知道從何入手，其實有的時候編一個故事，或者將自己的身分融入生活，搭訕起來更加容易成功。

第二幕——

在公車站，我等車回家，路旁走過一個美眉，身穿白色連衣裙，格外美麗。

我默默在一旁欣賞，卻缺乏某種勇氣，只能目送她離開，直到她的身影淹沒在城市擁擠的人群中。我暗罵自己沒用，連上去搭個話都不敢，並下定決心她如果再次出現在我面前，我一定不放過機會。

然後繼續等公車，我等了好久，可是我要坐的車來得特別慢。又等了一會，車還是沒來，就在我開始煩躁起來的時候，一個白色的身影再度出現！剛才的美眉又走回來了。

我的心跳不自覺地開始加速，難道她是出去買東西的？不管它，這些不重要，機會又來了，這次不能再輕易錯過。就在她回來的路上，又有幾個陌生男人回頭欣賞她，我已決定上前搭訕。

來到一條商店前的人行道上，我從她右邊超了上去，本來打算馬上側身轉頭直接開場，沒想到這時她的錢居然掉到地上了，她彎腰去撿錢，她這一揀把我的計畫都打亂了，我大腦又短路，徑直往前走去。我那個懊惱啊！

走了沒幾步，我回頭看她，發現她走進了一家小店。我也下意識地回身跟進了這家小店。我假裝買飲料，話說當時我近距離偷偷瞄她，她也察覺到了。我買完飲料她還沒好，我覺得沒理由繼續待在店裡，就出了小店，想在外面等她。

她出來之後，我正靠在路旁，直接看著她。我知道她早已意識到我在跟著她，可她還是不看我，從我面前徑直走過。剛從我面前經過，她一個拐彎進了一個大門。見鬼，難道她這就到住處了？我這樣想著。

我也跟了進去，裡面是一棟公寓樓。我知道我該出手了，我直接從後面叫住她：「嗨，美女，可以認識你嗎？」

她停下來，回頭看著我。

我幾個大步走到她身邊：「我在那邊看到你兩次，覺得你氣質很好。」

她一聽這話先樂了一下，隨後又一本正經的，並且一臉茫然地看著我：「嗯，那怎麼樣呢？」

此時我大腦瞬間再次短路，思維混亂中我重複了一遍剛才說的話，她更迷茫了，並且多了幾分無奈，繼續重複道：「那又怎樣呢？」

還好，此時我頂住了壓力，對她說道：「是這樣的，遇到像你氣質這麼好的美女，如果不過來認識一下，我回去一定會後悔的，我想認識你。」

此時她可能覺得我總算說了句有水準的話，終於回應道：「哦，我現在得回家了，先留個電話吧，回頭有機會再聯繫。」

哇！今天真是中獎了，我想。於是把號碼報給她，她給我撥了過來，接著客套了幾句，我目送她上樓，轉身離去。

我回到車站，這次很快就等到了車。上車，回家。

第三幕——

那天下班回住處的路上，遠遠看見前面有一個身材很好的美眉。

於是，我從錢包裡拿出5塊錢攥在手裡，快走幾步。（邁步子的聲音重一點，最好讓前面的她能聽得到。）

拍了拍美女的肩膀：「美女，你錢掉了。」把錢拿給她看。她嚇一跳。（我故意的，這樣更顯得不做作，呵呵！）

美眉拍拍胸口：「你嚇我一跳。」（長得還不錯！）

我微笑：「不好意思，看到有5元錢，不知道是不是你掉的？」

美眉：「我看看。」她翻了翻錢包：「沒掉啊，不是我掉的。」（哈哈，肯定不是她掉的！）

我：「唉，那奇怪了，以爲是你掉的呢（很疑惑的表情），你在這裡上學啊？」（任務完成，轉換話題。）

美眉：「嗯，是啊！」我們一邊走一邊說……（這時節就看個人發揮了，有好有壞……）

最後，我說：「前面有賣奶茶的，咱們把這錢喝了吧？」

美眉大笑：「錢怎麼喝？」

我笑笑：「走。」

跟她一塊喝了奶茶，又聊了一會，號碼很自然要到了。

關於美眉說錢是自己的，大家自己想啊，就讓她請客吧！（反正損失又不大，而且可能還有後續，呵呵！）

第四幕——

一天下午，我在學校的小路上散步的時候，前面一塊假山石上坐著一個低年級的美女，正拿著一本書在看。她滿頭飄逸的長髮，上身是性感的吊帶，短短的迷你裙下是一雙修長的美腿。

我繞到她的前面，想看看她的臉是不是像身材那樣美麗。哇！她整個人都是我夢中情人的樣子。

我不自覺地放慢了腳步，想在她的身旁多停留一些時間，多欣賞一會兒她那美妙的身材和嫺靜的氣質。

她稍微抬起了頭，好像注意到了我。我正面看到了她那雙天眞無邪的大眼睛，一瞬間感覺到一股難以抑制的羞愧感，不敢再注視她，快步走開了。

我離開後無比後悔，想回去跟她打個招呼，說聲——「你好！」或者「今天天氣不錯！」之類的話。但我始終無法鼓起勇氣這樣去做。

我心裡在想：「就算去和她打個招呼也是沒有用的，她這麼漂亮，一定有男朋友了。」接著又想：「我打招呼她會不會不理我？畢竟我們根本不認識。」最後甚至想：「她不會是在等男朋友吧？如果她男朋友回來看到我在和她說話，一定會很生氣的。」

等到晚上睡覺的時候，我又想起今天見到的這個女生，她就是我一直在尋找的那個女孩，她叫什麼名字呢？她是哪個系的呢？她到底有沒有男朋友呢……

不知道你是否有過類似的體會。但實際上很多人都經常經歷上述這種——「驚豔的錯過」，比如，在每天的公車上、商場裡、辦公樓裡、社區裡、馬路邊……在這些很平常的地方，你可能經常遇到自己眞正心儀的女孩，但就是不知道如何去和她們認識，而且每次心裡都有一些消極的想法阻礙自己。每次有這樣的經歷，你都有一種挫敗和無能的感覺。

不過，要知道，你不是孤獨的，許多搭訕達人也有過這樣的經歷。這裡給出了一個簡單可行的方法，可以在3分鐘內認識你遇到的陌生女孩，並要到她的電話號碼。這個方法非常簡單，但最簡單的往往最有效。

具體操作步驟如下——

(1) 正面走上去對女孩說：「你好！你在忙什麼？」

(2) 隨便聊點有趣的東西。比如女孩正在看的書，或者周圍好玩的東西。

(3) 你對女孩說：「和你談話很有意思。不過我現在要回家餵小烏龜了。」然後轉身打算走。這個女孩一般都會感覺有點錯愕，搞不明白到底怎麼回事。

(4) 就你在轉身要走的瞬間，再回頭對那女孩說：「你有電子信箱嗎？」女孩說：「有。」你把手機遞給她，讓她輸入號碼。

(5)女孩輸完號碼，你再對她說：「把電話號碼也告訴我吧，這樣信箱寄到，我也可以聯繫到你。」

(6)女孩都寫好後，你再對她說：「再見！」然後離開。

這個過程的微妙之處在於你告訴女孩你要走，女孩會覺得你剛才不是故意上來搭訕的，也會感覺有點意外。你問她要信箱，她會感覺信箱這樣的聯繫方式並沒有什麼危險，可以告訴你。在她告訴你信箱以後，你再說——「也告訴我你的電話」，她就會連續地執行你給出的命令。這裡邊有一點心理學的詭計。

上面的過程中也可能會遇到一些意外的情況。

(1)你要信箱的時候，女孩說她沒有信箱。這個時候你可以嘲笑她老土，連信箱也沒有，然後問她：「你總有電話吧？」

(2)如果女孩說：「我不會告訴你電話，我不認識你。」你可以開玩笑說：「只是告訴我你的電話，不用那麼緊張，我最多一天給你打20個騷擾電話。」

在此過程中，你可以把重點放在克服自己接近陌生女孩的恐懼感上。其實，很多時候你會發現，和一個陌生的女孩開始談話是很容易的事情。你甚至可以和她談很長時間，這取決於她是否有時間，以及雙方談話的氛圍是否友好、有趣。只要你們談話的氛圍令人愉快，結束的時候可以直接要電話號碼。

接觸過「街搭」的朋友，都應該知道「街搭」的困難，大概有以下幾個——

⑴目標不夠集中。很多情況，我們走了半天都沒遇到可以出手的目標。

⑵條件不允許我們有機會溝通。目標往往帶有目的性走在路上，所以留給我們的溝通時間比較短，搭訕品質普遍非常低。

⑶目標對陌生人的警戒心非常強。公開場合搭訕，人家的第一反應是你是不是騙子，是不是推銷員，是不是想占她什麼便宜，所以都會對你很警戒。

⑷走得很累。逛一天的街，整個人感覺要散掉那是正常的。

因此，在種種困難之下，我們要想成功，就需要付出比平時搭訕更多的努力。而磨煉搭訕技巧，提高我們的成功率而不是出手率，就變得更加重要。

我們走在大街上的時候，經常見到對面或者從身後走過來一個美女，她的雙腿是如此修長，腳步是如此輕盈，體態是如此婀娜……但是1分鐘後，她就消失了，在我們心中留下無比的惆悵和嚮往……每到這個時候，我們都會恨自己，剛才爲什麼不走上前去，和她認識一下呢？那麼，要想認識對方的話，又該怎麼去做呢？

(1)以最短的時間判斷對方是不是真正的美女，但大多數時候，我們又並沒有時間去判斷。那就不要做判斷，先認識了再說，感覺不好可以不聯繫。

(2)走到她身前，說：「你好！能不能問你個小問題？」

(3)這個時候，美女會有所遲疑地停下，並打量你1秒鐘，然後期待你的問題。

(4)你說：「請問你結婚了沒有？」這個時候她會微笑，覺得這個人真有意思。不管她有沒有回答。

(5)你繼續說：「我剛才看到你走過來，是個美女。我有一個朋友，很帥很幽默，他最喜歡你這種類型的女孩。希望你把聯繫方式告訴我，這樣我可以介紹你們認識。你有電子郵件嗎？」

(6)這個時候美女一般都會猜到你的真正意圖，她可能會問：「你說的不會是你自己吧？」你可以狡黠地一笑，然後說：「你認識了就知道了。」

(7)用語言解除美女的疑惑心理和抗拒心理，等著她說「好」，用紙張或手機記錄她的信箱或手機號碼。

(8)對美女說：「我會把你的聯繫方式告訴我的朋友的，讓他儘快聯繫你。」

群體搭訕策略解析

在很多場合，如果美女處於一群朋友中間，她更有安全感，更容易接納陌生人，雙方都感覺很放鬆，可以輕鬆地開始話題。對於群體的搭訕，通常情況下都要從整體的搭訕開始，就是不要只盯著目標。不能一上來就對你最喜歡的女孩說話，這樣她的朋友會因爲嫉妒而生氣，如果有其他男生在場，也會產生防衛心理。

你不能冷落群體中的任何人，講一些大家都喜歡的笑話，開些玩笑或是做些群體遊戲，是比較穩妥的策略。

剛開始的時候，你可能只對最漂亮的女孩說話，她的朋友馬上就會不高興地說：「我們不和陌生人說話。」或者「我們正在聊天，你不要打擾。」更多時候，她的朋友會拉著你搭訕目標的手說：「我們走吧！」你可以明顯地觀察到，這個美女是很猶豫的，對於出現的陌生男生她會充滿好奇，但女孩總是很容易受別人的影響，她朋友說要走，她是很難說出這樣的話：「我們和他聊聊吧，不要急著走。」

這樣，你實際上已經犯了一個錯誤，一旦你只對目標表示關注和興趣，目標的女友會感覺到強烈的受挫和侮辱感，會不遺餘力地破壞你們的交往。這種叫做雙輸的競爭策略，競爭中非常弱勢沒有獲勝希望的一方經常做出破壞遊戲的舉動：「我贏不了，誰也別再玩了。」當然，有些時候你運氣很好，會碰到兩個或幾個女孩都很漂亮，都很自信。即使你只和其中一個女孩搭訕，其他女孩也能輕鬆地開玩笑，甚至慫恿目標：「快把電話給他吧！」

大多時候，你照顧不到目標的朋友，他們就會成爲你的障礙。對障礙的處理遠比對目標的處理難度還大。所以，不要一開始就製造障礙，自掘墳墓。

從另外一個角度看，目標的朋友有男有女，都可能成爲你的朋友，成爲你認識目標、捕獲目標的工具和幫手。你和他們交爲朋友，他們會幫你結識目標。

⑴ 群體中只有女孩的情況。如果美女是和女伴在一起，搭訕可以針對整個群體，可以以問題開場：「剛才我和朋友爭論一個問題，需要問一下女孩的看法，男人和女人誰更喜歡欺騙和撒謊？」

開場的1分鐘最好不要對目標表示興趣。盯著群體中相貌最不佳的女孩是上佳的策略。因爲她長期缺少異性關注，對你的出現會異常興奮，因此會積極參與話題。其他人受她的影響，也會很快接納你；其他女孩因爲嫉妒心理會爭奪你的關注。一直和其他女孩說話，你的目標就會忍不住插話，希望引起你的注意。

目標插話的時候，如果必要，你可以進一步忽略她，比如繼續和旁邊的人談話，不回答她的問題，不理會她的插話，不看她，甚至可以對她的朋友開她的玩笑：「你們的朋友的看法總是這麼膚淺嗎？」、「她總是這麼沒有禮貌嗎？」

不過，這種事情不能做得太過火。太過火了，你的搭訕目標也可能生氣。特別是有些女孩，雖然外表很漂亮，但內心卻有很多不安全感。還有，如果當時搭訕目標的心情本來就不好，也許會出現這種情況。

對於群體的搭訕，「好朋友測試」非常適用。「我問你們一個問題，就可以知道你們是不是最好的朋友。你們用同一種洗髮水嗎？」……「你們通過測試了。剛才我問你們的時候，你們相互之間看對方的眼睛，只有好朋友之間才會有這種反應。你們肯定是關係很好的朋友。」你還可以多發揮一些：「平時你們在一起的時候，一定是你拿主意比較多，而你比較聽她的話。因爲剛才是你先看她的。」進行了「好朋友測試」之後，可以問她們的關係，同學、同事還是鄰居，等等。可以獲取她們的很多資訊。

然後你可以講故事，或者做些其他的事，比如猜數字，看手相，講星座，或者隨便閒聊，講笑話，等等。在這個過程中篩選她們，同時顯示你是一個有趣味的人。比如：「你們蹦迪（跳迪斯可）嗎？我喜歡跳舞的女孩。」

搭訕目標是兩個女孩，不太好辦，唯一的策略是一直和目標聊天，冷落她的朋友，最後讓她的朋友感覺沒趣而主動走開。不過，這樣的策略也並不是很高明。更多時候，你可以要了目標的電子信箱號碼和電話，再找機會約出來玩。

(2) 群體中也有存在男孩的情況

即使對方只有一男一女，看起來很像夫妻或情侶，也是有搭訕的機會的。因爲很多時候事實並非如此。

群體中有男生，搭訕就要針對男生。因爲女生一般都會聽從男生的建議。你成功地把男生穩住，男生把你當朋友，女孩也就自然會接納你；如果你很能玩，很能吹牛，男生都開始崇拜你，想認識你，女生就更想結識你了。搭訕達人說：「你征服了男人，女人不是問題。」

有男生在時，你可以採用各種對群體的開場：「我在等一個朋友，我對這裡不熟。你們知道附近哪裡有KTV？我那朋友喜歡唱歌。」或者「這邊有好幾家咖啡廳，哪家店的咖啡最好喝？」

或者直接對群體中的男生開場。你可以對男生說：「你這條牛仔褲眞不錯，是哪裡買的？」或者「你的髮型眞酷，是哪個髮廊的老師做的？我最近也想剪頭髮。」對男生最佳的搭訕，是對他從事的工作或活動的搭訕。比如：「剛才我看你在跳街舞，你跳得太酷了。你學了多長時間了？」「看樣子你很像專業的攝像師，這個數位相機是多少畫素的？」

交流的過程中，可以了解目標是不是已有男朋友，是不是就是旁邊的男生。如果機會很差，可以找藉口開溜：「我朋友該過來了，我先走了。回頭聊！」

如果了解到他們也是普通朋友，下一步就找機會隔離目標。如果有朋友可以幫忙最好不過，讓朋友把障礙都吸引走。如果難以實現，就需要多費些心思了，這個時候最佳的策略就是和所有人都交成朋友。你可以說：「我經常去旅行，把你們的聯繫方式告訴我，有機會我們一起出去玩。」

在群體中，你不要做任何明顯地向目標獻殷勤、拍馬屁的事情。事實上，在任何時候都不要做這種事情。因爲，這樣會引起她的朋友的反感，不僅女孩反感，男孩更反感。相反，和目標爭論、吵架、抬槓、比試、對罵，都是聰明的舉動。這樣既可以給目標留下深刻印象，又能讓周圍的人感覺輕鬆愉快。

其實，大部分時候，目標故意質疑你的結論、挑你身上的刺，就是希望引起你的注意，想讓你和她說話。這個時候你完全可以順勢而爲，進入角色，和她痛痛快快地鬥鬥嘴。這種在潛移默化中增加吸引力的技巧，簡直令人驚歎。

群體搭訕的基本策略就是針對整體開場，展示社會價值，獲得群體的社會認同，最終成爲群體關注的焦點，成爲群體中輻射能量、輻射快樂的人。如果可能，在適當的時候接近目標，進入兩人世界。

好男人找不到女朋友的根源

男人分好壞，曾經大家熟知的說法是——「找個好男人就嫁了吧！」可是現在單身的往往都是好男人。

壞男人的特點是：臉皮厚，大膽，善於撒謊，不太受道德約束，花招和詭計多，不負責任——而這些特點恰恰擊中了女人的軟肋。假設硬體條件相似的好男人和壞男人遇到同一個女人，壞男人的殺傷力要強出好多倍。

第一，好男人的出手機率小得多。因爲好男人開始追求之前就要考慮負責任的問題，所以不完全中意的不會去追，條件不成熟的目前不能追，對方已有男友的不能追，未來前景不看好（如在不同城市）的不能追，限制極多。而壞男人反正沒打算負責任，只要對方有點姿色，或是唾手可得，一概先追了再說。

第二，好男人誠實，沒錢沒關係，就實話實說，對女方的缺點也坦誠相告，往往讓女人很失望。而壞男人隨便編兩個故事，就可以顯得自己實力超群。對女人花言巧語，又很容易讓她們心花怒放，認為找到了知己。

第三，好男人總想著尊重對方，不會找機會調戲非禮。而壞男人通過調笑、喝酒、跳舞等方式，隨時刺激女人的荷爾蒙，一有機會就把對方占為己有。女人的快感一旦被調動起來，反而會很快愛上這個男人。壞男人一次親密接觸的效果，往往超過好男人多次的默默付出。

第四，好男人真心付出，把雙方的感情看得很重，心態容易不平衡，為一些小事和女友爭吵。而壞男人心想：我不過是逢場遊戲，找點刺激罷了，哄哄她得了，生什麼氣啊？心態更平和，反而顯得成熟，個性好。

第五，壞男人的約會經驗通常比好男人多得多。參照第一條，壞男人一有機會就出手，即使不成功也積累了經驗，逐漸了解了女人的心理。女人大多不理智，有各種完全不合邏輯的偏見（比如，鞋上有污點的男人一定靠不住）。壞男人通過大量的實戰經驗在約會時把這些表面工作做得很好，而好男人卻懵然不知，被涮了都不明白為什麼，還以爲是自己實力不夠。

第六，雙方發生爭執時，好男人自尊心、原則性強，不會輕易遷就對方。往往爲些小事，誰都不讓步，最後只能分手。而壞男人臉皮厚，認個錯道個歉，就像在放屁一樣，連自己都不相信，而對方卻吃這一套，很容易就回心轉意。

第七，好男人原則性強，循規蹈矩，往往顯得乏味。而壞男人一心追求刺激，變化多端，常常給女人以新鮮感。不知不覺中，女人就被壞男人迷惑住、控制住了。

第八，如果女人認識到雙方不合適，主動提出分手。好男人只會採取光明正大的手段，實際效果有限；而壞男人可以不擇手段，死纏爛打，威逼利誘。女人的惰性強，情感多變，容易被征服，常常擺脫不了壞男人的手段。

大部分女人的虛榮心、自尊心都很強，喜歡甜言蜜語，往往誠實的好男人達不到她們的期望值，只有壞男人才能編造出一個她們心目中的理想世界。

壞男人能做到的，好男人爲什麼做不到呢？很簡單，因爲好男人在乎道德與責任，其他的顧忌太多。等好男人明白過來，好女人早就名花有主了。

另外，好男人永遠不可能像騙子那樣心態平和。對於好男人來說，心儀的女人是他生命中的重要組成部分，他對她的過去、現在、未來都在意。而騙子要的只是眼前的一點刺激，當然就更容易爲達到目標而迎合心儀的女人。騙子更能容忍她的缺點，因爲，他只需要容忍幾天、一兩個月就好，而好男人卻是計劃一輩子的前景，所以必須進行一段時間的磨合。

游泳池搭訕全解

游泳池搭訕應該算是比較朦朧的搭訕方式了，這個地方很容易搭訕。你要下午6點的時候去游泳池，一般這個時候美眉最多，因爲好多美眉怕曬。當然，這是過後觀察分析的。所以，在什麼時段？有多少資源？這些在今後都要考慮進去。有美眉的地方，一般男女混合來的占多數，美眉組隊的占少數。

阿泰在淺水區發現兩個組隊的美眉，其中一個皮膚很白，腿修長。

阿泰簡單地思考了一下，排除了雜念（這對初學者來講，很重要），就朝那美眉游了過去。剛剛到她們附近的時候，突然事件發生了，目標美眉被一個熟人叫去了游泳池的另外一邊。

這時候，阿泰猶豫了一下，剩下的那個不是先前的目標，是去還是不去呢？搭訕本來就是一種生活態度，於是他決定繼續。他挑好了時間，周圍人比較少，相對比較安靜，過去在美眉側前方1米左右的地方。

「這麼熱的天氣，游泳眞是不錯的選擇。」阿泰眼角的餘光瞟到美眉注意到了他說話，並看向他，便乘機問道：「你們經常過來嗎？」

美眉：「不常來，偶爾吧！」（語氣一般）

阿泰：「你們來是有點浪費了。」

美眉：「哦？爲什麼？」（明顯來了興趣）

阿泰：「我發現你們就在這一小圈內轉來轉去，不像游泳，倒像是泡水。」

美眉：「沒辦法，因爲我們不會嘛！」

阿泰：「游泳其實不難，可好多人還是學不會。」

阿泰本來想直說——「不如我教你」之類的，還好忍住了，那可是明顯的低價值。

美眉：「呵呵，你會嗎？厲害嗎？」（感覺還是挺開朗的）

阿泰：「以前我上游泳課都得滿分，這太簡單了。」（展示高價值）
美眉：「是不是呀？你常來嗎？」
阿泰：「不是，很少過來，但每次都很盡興。」
美眉：「哦，玩得高興就好。」（有點冷場，不能這樣下去了。）
阿泰：「不如這樣，你答應請我吃飯的話，我就教你，我帶的徒弟都在兩個小時之內學會了。」（再次展示高價值）
美眉：「呵呵，可惜我很笨的。」
阿泰：「剛剛看出來了。」
美眉：「教不會的話，你請我啊？」
阿泰：「可以，但是你得承認自己是個笨徒弟，不關師傅的事。」
後來，估計她們差不多該走的時候，阿泰準備要電話號碼。因爲在游泳池，所以只能心裡默記。
阿泰：「你記住我的電話號碼吧……。下次來給我電話，再繼續教你。」
美眉：「我記不住，你明天還來嗎？」
阿泰：「我明天就回成都，不過來了。」（時間限制）

美眉：「你記住我的吧，……我對數字真健忘的。你不是這兒的嗎？」

阿泰：「經常過來玩吧。對了，之前不是說好，你學會了得請我吃飯，今天雖然沒會，但是大有長進，還得請我一頓吧，晚上去吃宵夜。」

美眉：「那晚點你給我打電話吧！」

晚上的時候阿泰撥通了美眉的電話，那美眉正和朋友聊天，聽著挺無聊的，掛斷電話約在市中心的咖啡廳見面，半個小時後，女孩穿了一條看著挺貴的裙子，出現在阿泰面前。

阿泰仔細觀察了她，化了妝，而且弄得挺精緻的，一看就知道出門的時候精心打扮了一下。美眉是自由職業者，做插畫的。

游泳池搭訕的時候，最好將美眉不知道的狀況融入話術裡，要是外面下雨了，就可以說：「常來？外面下雨了，看樣子要多等一會了！」或者是：「你游得很好啊！」「玩個遊戲？」這些簡單的話術都能打破游泳池的僵局，最好是在游泳池裡面進行一些互動遊戲。當然，這是針對那些很會游泳的女孩子，以求更容易接近目標。

邀約方式的藝術太關鍵了

邀約是搭訕之旅的下一個步驟，是搭訕活動的深化，也是對搭訕成果的進一步鞏固和鎖定。大家可能都有過邀約的經歷。邀約，最基本的就是——「你今天幾點出來？我們一起去吃飯。」邀約後就要面對可能被拒絕的狀況。所以怎麼有效地避免邀約被拒絕，這才是我們該面對的主要問題。邀約前要仔細思考，融會貫通。

男：「我想帶你去個地方。」

女：「什麼地方。」

男：「走吧！」

女：「要不算了吧，我還有點事兒，改天吧！」

男：「不會耽誤你很長時間，最多半個小時。」

女：「半個小時？」

男：「不算堵車時間半個小時。」

女：「去哪呀？」

男：「放心，不是勞改農場。」

男：「再說兩句我就放你走，我見你第一眼就喜歡你！」

女：「這事咱倆有分歧，而且分歧很大。」

男：「分歧？是不是相見恨晚啊？你的缺點我通通可以看成優點。」

讀了上面一段對話，是不是突然間明白了「情人眼裡出西施」這句話一點沒錯，即便對方長得跟東施一樣，你也能硬生生把她看成西施。

上述對話雖然經典，但估計大家都沒用過。不過，用過相似的方法的人可能還真不少。比如你想帶女的去唱歌，如果直接說錢櫃或好樂迪（畢竟是獨立空間的包廂內），她們可能會有戒心，但是你直接把她帶過去，會怎麼樣呢？難道她還會走掉?!所以說，關鍵在於領會其精神，而不是照搬模仿。

下面我們就通過講述生意邀約成功的必備步驟，來說明初級「搭訕犯」們，觸類旁通地掌握簡單的邀約規律和技巧。

1．計算邀約人數

首先要知道，這筆生意你要邀約的人數是多少，這能讓你的邀約更加如魚得水，有計畫的邀約更容易獲得成功。

如果你邀約的人數多而且雜，則先要把他們系統地分一下。有些有過生意往來的人如果碰到一起，將會影響你的生意的。所以，應該儘量避免兩人相撞。

這樣的場合，更要相信「同行是冤家」這句話，同一個或相近的行業之間其實很少有共同語言。兩個人往往站在對立面，並不是友人。如果自己想邀約成功，就應該牢記這一原則。

2．準備邀約用語

我們對於邀約並不陌生，那麼什麼樣的話語能使邀約更加容易成功呢？

可能你邀約的人是你並不陌生的人，但是他對你的宴會不一定感興趣，那麼我們邀約的時候，應該採取經典措施——「今天我這邊有個活動，我覺得挺有意思，你來吧，好久沒見了，過來聊聊。」

如果你所要邀請的人很固執，很有主見，你不妨這樣說：「這邊的宴會很適合你，相信對你有幫助，而且涉及的行業很多，幾乎都有業務上的往來，你可以過會來一下嗎？或者我先寄一份請帖給你。」

如果你要邀請的人是個事業心比較重的人，他可能對所謂的宴會邀請不感興趣。那麼你需要做的是將你的邀請變得商業化一點，讓他覺得這並不是一個簡單的邀請，而是一次商業的聚會，這個項目對於他來說非常有利，他也將欣然接受。

例如：「您最近很忙吧？我這邊正要舉行一個大型的交流會，屆時很多知名的業內人士，都會應邀到場，並且很多生意都會在此促成。貴公司是經營××的，那麼，這場交流會一定會對您有所幫助。名額有限，請及時聯繫我。在此，歡迎您的到來。」

對待更加職業化的邀約，我們要遵循這樣的條例。以下就用一個營養品的推銷話術技巧的例子來說明——

1．確定進門

(1) 敲門。進門之前先按門鈴或敲門，然後站立門口等候。敲門以三下爲宜，聲音要有節奏，但不要過重。

(2) 話術。「××先生在家嗎？我是×××的小王。」類似的主動、熱情、親切的話語，是順利打開顧客家門的金鑰匙。

(3)態度。進門之前一定讓自己顯示講話態度——誠實大方！同時避免慌亂、隨便等不良態度。

2．讚美觀察

人人都喜歡聽好話、被奉承，這就叫「標籤效應」。善用讚美是最好的銷售武器。但讚美時應把握好度，要通過一定的溝通，在和諧的氛圍中適當運用讚美的語言。同時，要注意一定要因人而異，切忌在開門見山的話術中，使用過度的讚美語言，給人以虛假的感覺。

一、話術

①直接讚美：「您今天氣色眞好！」

②間接讚美：「阿姨，您家眞乾淨！」

③深層讚美：「阿姨，您看起來特別慈祥，就像我的媽媽一樣。」或「阿姨，這是你們家的全家福吧，旁邊是您兒子吧！眞有出息！相信阿姨一定是一個教子有方的模範好母親！」

不過一定要注意，讚美是一個很好的開始，但不能誇張讚美，避免一些尷尬局面。如：「叔叔您長得特帥，就像周星馳一樣！」

二、觀察

讚美是靠觀察得來的，觀察包括：門前的清掃程度，進門處鞋子擺放情況，家具擺放及裝修狀況，家庭成員及氣氛明朗程度，花、鳥、書畫，等等。

3．有效提問

提問時也要注意在不同的溝通氛圍中，採用不同的方式，不要過度誇獎對方，要慢慢地誘導，關鍵在於「說服」。

一、提問前的注意事項

①明確談話目的，準確把握好要實現什麼，交涉時才有針對性。

②預測與對方的面談狀況，準備談話的主題及內容，談話時才有信心。

③認真做好儀容儀錶的修飾工作，儘量給對方留下良好的第一印象。

二、尋找話題的技巧

①儀表、服裝：「這件衣服，您是在哪裡買的？」

②鄉土、老家：「聽您口音，是湖南人吧？我去過湖南。」

③氣候、季節：「這幾天太熱了，去年……」

④家庭、兒女：「阿姨，您現在和兒女們一起住嗎？」或「阿姨，您兒子現在在什麼單位工作呢？」

⑤飲食、習慣：「阿姨，您喜歡什麼口味呢？我發現一家口味不錯的餐廳，下次咱們一起去嘗嘗。」

⑥住宅、擺設、鄰居：「您家佈置得特有品味，您是專業搞這個的嗎？」

⑦興趣、愛好：「您的書法眞不錯，不知阿姨肯不肯收我做個徒弟呀？」

⑧線索、偵察：從蛛絲馬跡中了解顧客喜歡的一些話題。

三、深層次的提問

之所以採用提問的方式，就是爲了了解顧客更多的資訊。顧客定位於四多二少——錢多、病多、知識多、保健意識多，負擔少、關懷少。深層次的提問，是了解客戶是不是我們理想顧客的有效手段。

「叔叔，由於現在環境污染較嚴重，好多人都處於一種亞健康狀況，容易導致許多嚴重疾病，如：高血壓、高血脂、糖尿病、癌症呀！不知您現在的身體狀況怎麼樣？」

「您的身體這麼差，有沒有適當地選用一些保健品進行健康保健呢？」

「叔叔，兒女們在您身邊嗎？」

「聽說您年輕的時候在××部門（地方）工作過？」

四、提問必勝絕招

①先讓自己喜歡對方，之後再提問，向對方表示親密、尊敬、欣賞。

②盡可能從對方立場來提問，談話時注意對方的眼睛。

③特定性問題可以展現你的專業，由小及大，由易及難，多提一些二選一的問題。

④先提問對方已知的問題，提高職業價值，再引導性地提其他問題。

⑤提一些他人關心的問題，如對往事的回憶。特別是其工作中的得意之筆，這時，可適當予以讚美。

4．推介

「叔叔，明天我們單位在××醫院舉辦一個大型的聯誼會活動，到會的都是您這樣的同齡人，我們這次活動特別隆重、正規，還特意請來××專家為老年人免費健康檢查、諮詢呢！我們還有豐富多彩的節目和抽獎活動。」

「我看呀！您現在在家也挺悶的，明天您和阿姨一起到我們××大家庭來聚聚，開開心，學習一下健康知識，這樣對您二老，也是一件有意義的事呀！」

5．克服異議

「我看吧，有時間我就去！」「你們是不是賣產品呢？」遇到這樣的問題，你要仔細地思考，要探尋顧客沒有說出的理由。

回答：「是需要和家人商量還是不想去？這樣有意義的活動，您還有什麼可猶豫的啊！」或者回答：「我明白您的這種感覺，很多人開始也有這種感覺，但後來他們參加過後，發現這個聯誼會的確很不錯。」「聯誼會現場主要是爲中老年人進行健康科普知識講座，同時也有健康產品的展示！」當然也可以反問道：「是因爲路程遠還是對活動不感興趣呢？」

6．確定達成

一、成交達成方法

①邀請式成交：「您爲什麼不試試呢？」

②選擇式成交：「您決定一個人去還是和叔叔（阿姨）一起去？」

③二級式成交：「您感覺這種活動是不是很有意思？那您就和老伴一起來吧！」

④預測式成交：「這麼好的活動，阿姨的感覺肯定和您一樣。」

⑤授權式成交：「好！我現在就給您塡上兩個名字。」

⑥緊逼式成交：「您的血壓這麼高，還是去會場讓專家給您診斷一下吧！」

二、達成話術

①「叔叔，我們明天的活動十分正規，要憑邀請函才能進會場，不是任何人都可以進的。今天我已經把邀請函給您帶來，您看看。」

②「叔叔，我們的活動定於×月×日星期×上午×點在××舉行，到時我會恭候您和阿姨的。」

③「叔叔，明天我們還有有獎知識答題，我這有一份健康報刊《保健時報》，您可以仔細看看，說不定叔叔您明天能中獎呢！」

④「叔叔，我叫×××，明天您過來時直接找我就可以了，我會爲您做好一切服務的。」（一定要讓對方記住你的姓名，以免你的業務跑到別人那裡。）

7．致謝告辭

你會感謝顧客嗎？世界上只有顧客最重要，沒有顧客就沒有銷售，有再好的銷售技巧也沒有用。

(1)時間。初次拜訪時送函的時間不宜過長，一般控制在20～30分鐘以內。

(2)觀察。根據當時情況細心觀察，如發現顧客頻繁看表、經常喝水等動作，應及時致謝告辭。

(3)告辭話術。「叔叔，耽誤您寶貴時間，明天我們在××地點××時間見，祝您二老身體健康，萬事如意，請記住我的名字×××。」

以上說的都是事業上的邀約，接下來我們講一下搭訕之後的邀約法則。

對於見過一次面的人來說，想要再邀約她（他），其實心裡都是犯嘀咕的，不知道上一次是否給對方心裡留下了好印象？又不知道該不該繼續約會？

這樣矛盾的狀況我們怎麼解決呢？其實邀約更加要採取「厚臉皮」政策，如果不能拉下面子，那麼，你的邀約基本上失敗80％了。所以，對於不確定的事情，要採取積極的態度。不試一下怎麼知道是否成功呢？

對於之前的偶遇和搭訕，我們可以這樣說：「見面便是緣分，所以，我想把咱們的緣分進行下去，請問你最近有時間嗎？一起出來喝杯茶，我去接你。」

這樣就避免了她直接拒絕。如果她對你的印象不好，她就不會再告訴你時間見面，你也省去了尷尬，這樣的邀約成功率也高，畢竟說話的方式可以使自己的人氣提升。

有些朋友可能會遇到這樣的情況，那個心儀的女孩子並不買自己的賬。那麼，該怎麼去邀約這樣的女孩子呢？

首先，我們應該放下心來，要知道對任何女孩來說，搭訕和邀約都是對自己魅力的肯定。我們應該知道她所關注的是什麼，我們可以這樣說：「美女，你很有品味哦！我有些朋友也愛好××，有空大家一起出來坐坐，聊聊天呀！等你有空的時候可以打這個電話給我。」

其次，在邀約時，採取何種方式是首先要考慮的。一般來說，邀約都需要定下時間，也可以像我上面說的那樣，將時間問題交給被邀約者，她定時間便可以省去自己當場被拒絕的尷尬。

電話邀約比會面邀約要方便，隨時隨地便可以進行。那麼，電話邀約最好採取什麼樣的邀約方式呢？聲音、語氣當然很重要，講話時切記不能太快，不然人家沒聽懂你講的是什麼，你的邀約就失敗了。說了語速的問題之後，我們就應該注意一下語言藝術了。一般來說，客氣的語態是邀約的基礎。說話要注意順序，千萬不能不組織語言就直接邀約，否則失敗率是很高的。

委婉誠意的邀約是成功率最高的邀約，誰都喜歡有誠意的邀約。可能自己並不喜歡內容，但是面對這樣的誠意之邀，大多會「賞臉」而接受。

網羅第一次約會的技巧

面對第一次約會，大多數人因爲沒有經驗會將其搞砸。也就是說，導致首次約會失敗率很高的關鍵，就是經驗不足。這就需要借鑒他人的經驗，並掌握一定的約會技巧。當然，面對這世界上千奇百怪的人，偶爾約會失敗是很正常的。

第一次約會的地點多數會由女孩子決定。很多女孩子會選擇電影院，與初次約會的男孩子分享一部電影，看完後還可以展開一系列輕鬆愉快的討論。你們可以一起看時下熱播的電影，哪怕是很爛的商業片也不要緊，至少你們可以同仇敵愾！不過，千萬別一起看《鐵達尼號》這樣的悲情大片，無端把兩個人的情緒帶入傷感中，走出電影院後，兩人默默無語兩眼淚漣漣。

假如你們有一方不善於言談，那麼第一次約會切忌定在過於安靜的餐廳，相對而坐吃東西，彼此都會放不開。那些需要等位子或太吵鬧的酒吧，也根本不應放在第一次約會的考慮範圍內，因爲思緒容易進入走神或放空的狀態。

在此推薦兩個地點：日本料理的迴轉餐廳，兩人並肩而坐，避免「對吃」的緊張，還可以來點兒清酒調動情緒；韓式烤肉，你可以動手爲對方煎、煮、烤食物，彰顯體貼的一面，給對方帶來一種你想得很周到的感覺——哪怕是錯覺！記住，西餐廳是最不適合初次約會的地方。

第一次約會的對象不見得與你志趣相投，但出於禮貌，大家都會找一些兩人能共同參與的話題。如果對方一直不得要領，你可以主動出擊！最好不要給對方講發生在你同事身上的糗事，你們不在一個職場，對方恐怕難以一時體會事件的樂趣當中。你需要介紹一大堆背景資料，除了會沖淡此事的趣味性，你可能還會由此話題延伸到自己的工作，最後成了發牢騷或洩憤，那就事與願違了。

發生在你朋友身上的趣事就不同了，你可以全方位地引出你這個有趣的朋友，能勾起對方想認識這個人的欲望就更好，你可以順水推舟地說：「下次介紹你們認識。」爲你與她（他）再次見面找了一個巧妙的藉口。

當然，你要心裡有數，這個朋友至少具備以下三個條件之一：①名花（草）有主；②遠不如你長得漂亮（帥）；③是你的要好的姐妹（哥們）。否則，就可能爲他人作嫁衣啦！記住，鄰座女人的身材或男士的領帶不是好話題。

第一次約會，要特別注意，絕對不能做以下這些事。

1．遲到10分鐘以上

如果說遲到是你的一貫作風，那麼初次約會要有所收斂。初次約會就遲到，會讓對方對你的第一印象大打折扣，難以得到別人的賞識。

事實上，不管你出席哪一種場合，會議、面試，還是約會，遲到都是大忌。因爲大多數人會把遲到和不能信任、不負責任、不夠自律等人格品質聯想在一起。況且，每個人的時間寶貴，相信誰也不願意在一個不守時的人身上浪費生命。

還有一種情況更讓人爲之氣急，就是遲到了不先道個歉，反而扯一堆藉口，爲自己的遲到脫罪。所以，最好是比約定時間提早5分鐘到，可以讓自己喘口氣，順便整理一下儀容，而不要匆匆忙忙、上氣不接下氣地「準時」在最後1秒鐘出現。

2．心不在焉地東張西望

當對方說話時，保持適當的眼神交會及點頭示意，代表你很注意聆聽她（他）說的內容，這是對對方基本的尊重。即使對方的外形不那麼令人滿意，也請保持自己的良好風度。有風度的男士不僅會得到別人的賞識，還會在不知不覺中發展一場「生死戀」。

千萬不要一邊聽對方說話，一邊眼神游移，目光三不五時地被身旁走過的辣妹（帥哥）拉走，或者頻頻看表又玩手機，看起來一副想早早結束這次約會的反應。這樣的話，也許還沒等你開口，對方就會起身對你說：「不好意思，臨時想到有事情，我們今天就到這裡結束吧！」

3．對她（他）的笑話毫無反應

角色互換地思考一下，尷尬便可想而知。誰都無法掌控第一次見面時的尷尬氣氛，所以，講笑話一定要符合場合需求。初次約會，一般冷笑話比較受寵。

4．身上的現金不夠付帳

付帳是男人的美德，女人不必發揚。所以，男人們在出門的時候，要好好檢查一下自己的準備工作是否都做到位了？儘量讓自己充分地得到女人的認可。

信用卡廣告總是說，一卡在手能行遍天下，但你還是會碰到一些地方必須掏出現金付帳。爲了避免到時候遍尋不著提款機，硬著頭皮要對方先爲你墊錢的尷尬場面，最好在出門時，先數數皮夾裡的現金夠不夠這次約會的開銷。

順便告訴你，國外研究發現，一個人出門經常身無分文而習慣刷卡付帳，或者每次付錢時才急著去提款，都可能會讓旁人覺得你是個自理能力很差的人。

其實，第一次約會不妨雙方各付不同的費用，例如男士負責用餐的花費，而女士則出電影票的錢，或者可以說：「謝謝你這次請看電影，下次換我請你。」當然，前提是你還希望和對方有下一次見面機會。

5．穿著打扮太隨便或太誇張

第一次約會，沒人能做到不以貌取人。很多人對於第一次約會都會做很好地準備，更有很多人覺得第一次約會給人留下強烈的第一印象是最好的。

整齊合宜的穿著打扮是尊重對方的表現，誰都不想看見對方穿著帶破洞的牛仔褲（尤其是幾個星期沒洗的那條），和皺巴巴的T恤來赴約。如果第一次見面就穿得太隨便，毫不修飾，等於在告訴對方，你一點也不在乎這次約會。除非約會地點有特別的服裝規定，否則也不用穿得太正式或太華麗，讓人覺得你一本正經，或貴氣逼人，把親和力都給當掉了。

6・探問對方的個人隱私

誰會希望第一次約會就被人「身家調查」？薪水待遇、存款、不動產等私人財務狀況，屬於個人隱私，不適合第一次見面就變成聊天話題，否則對方可能會想，你到底是想跟他交往，還是跟他的財產交往？

另外，個人的健康狀況及家庭狀況、女士的年齡、體重等也別拿出來討論。你有許多其他的事情可以問對方，例如興趣、工作情況、平時的休閒活動等，何必第一次見面就觸碰地雷？

如果是女人主動搭訕的，更不宜詳細地打探對方經濟情況。這樣容易給對方留下「現實女子」的印象。爲了自己的形象著想，不要問這麼傻的問題。

7．急於確定兩人關係

雖然「一見鍾情」這種事的確可能發生，但才見第一次面就急著想把對方「套牢」，可能會使她（他）驚惶失措，然後告訴你：「謝謝，不必再聯絡。」之後拔腿逃跑，白白喪失進一步互動的可能性。

其實，時間還長著呢！彼此都需要多一些機會，並確定對彼此的感覺。不妨把腳步放慢一些，把心思放在如何經營下一次的約會上。

8．口沫橫飛只談自己的事

約會是讓兩個人借著聊天互動的機會認識彼此，但如果整個過程中只有你自己口沫橫飛地說個不停，不讓對方說話、表達自己想法的機會，那你如何認識她（他）？這也可能讓對方以爲你是個愛表現、只對自己有興趣的自戀狂。有些人則是因爲自己太緊張，所以藉著一直說話來加以掩飾，但這並不是最好的方法。

9．別抱怨連連

有些人說起話來，三句不離抱怨指責，從家人、上司、同事、朋友到家裡的小狗，好像全世界都對不起他（她）。這種充滿負面思想的人，應該沒人想多花時間在他（她）身上。而且，對方抽出時間和你約會，是來認識你這個人，享受愉快的約會氣氛，絕不是來被迫接受你的一堆情緒垃圾。

10．談論容易引起爭論的話題

政治、宗教信仰、兩性議題等，都比較容易引發兩人的爭論。最好別在第一次約會時拿這些當話題，免得當場挑起無端戰火。

11．總是在用手機發簡訊

有什麼簡訊會比初次約會對象更重要呢？當心對方產生誤會！

12．大談特談對方不熟悉的領域或話題

這無疑在暗示對方，你們不是同一個世界的人。

13．追問對方過去的感情經歷

你喜歡一個女孩子，可以理解你心裡有很多話想向她傾訴，包括你的過去和現在。但很多人會犯一個毛病，第一次約會時便嘮叨以往的情史，希望對方了解自己的過去。但這往往忽略了對方的感受，她（他）和你約會，難道就是聽你訴說你的前女友（男友）嗎？況且，誰不希望自己在男友（女友）心中是獨一無二的。

所以說，太多地談論過去的感情經歷，必定是一個令人不爽的話題。如果你一直繞著前一段已經結束的關係打轉，只會讓人懷疑，你根本沒準備好，也沒誠意要開始嘗試發展一段新感情。

另外，有些小細節常被人忽略，卻容易影響別人對你的印象。這包括：

一頭凌亂或抹了太多造型劑的黏膩的頭髮；

讓人看不穿你眼神的眼鏡鏡片；

沒有修剪、露出來見人的鼻毛；

掉落在肩膀上的頭髮和片片「雪花」；

在深色褲子和鞋子之間，露出一雙刺眼的白襪子；

女士腿上穿著勾紗的絲襪；

過長、藏污納垢的指甲，或斑駁脫落的指甲油；

那雙沾滿髒污、變形的鞋子。

聰明避開以上這些不可犯的錯誤，剩下來你該做的是，放輕鬆！好好享受一次愉快的約會時光。

1．宜注意對方，好令她（他）也注意你

希望對方注意你，最好先由自己做起，包括留意她（他）的日常衣著打扮，留意其生活中的細節，如喜歡吃些什麼，有哪些愛好和興趣，等等。你一旦有機會和對方攀談，自然能從中找出話題，並加以發掘。當對方知道你對她（他）細心留意，也會引起她（他）對你的注意，而且可能留下深刻的印象。

2．忌第一次約會時飄乎不定

第一次約會，大多數人都喜歡聽坦白率直的話語，而對吞吞吐吐的隱詞感覺不耐煩。因此，不如先大膽選定一個日子，以表示你的眞誠，這比單純地問她（他）何時有空等空泛的問題好。飄忽不定的約會往往成事不足，敗事有餘。

3．宜細心、關心且發自內心

對方接受你的邀約，初步證明她（他）對你沒有厭惡心理，甚至存有好感，有發展成為朋友的機會。此時，你不妨細心留意她（他）當日的打扮，輕輕地給她（他）一聲稱讚，這足以令她（他）欣慰不已！

此外，約會前應做好準備，譬如事先查詢對方喜歡吃什麼菜式，或者先預訂三家情調及食品不同的餐廳（最好集中在同一區內），屆時讓她（他）選擇。這樣自然令她（他）感到你是如此的心細，最重要的是那份發自內心的誠意。

對男士來說，你開車門、拉座椅、送她歸家等展示風度的機會就更加不容忽視了。記住，她會特別留意你在這些細節上的表現。

4．宜送小禮物讓對方高興

就當是一份小小的見面禮好了。事前給她（他）挑選一份精緻的小禮物，譬如一朵新鮮豔麗的鬱金香、一盒包裝漂亮的巧克力、一條設計簡單的項鍊、一本有意思的小書。禮物重心意，不重金錢，最好是以小巧為佳。你千萬別操之過急，第一次約會給她（他）購買貴重飾品或錢包、手包，那只會嚇怕她（他），出現她（他）一推你一讓的情形，就更尷尬了。

5．忌話題枯燥乏味，談話沉悶無趣

你可以多留心聆聽關於她（他）的近況、愛好或對事物的看法，並加以發問，加深對她（他）的認識和了解，也讓話題自自然然地持續下去，而不是有一句沒一句的是與否，那會很乏味。應多看對方的反應，切勿第一次約會便讓對方覺得乏味，那可能就沒下一次的約會了。

6．宜令整個約會圓滿結束

吃過飯後，可問她（他）對這頓飯的意見，問她（他）可有興趣到別家小店，或繼續留下吃些甜品，這會讓她（他）感覺到你的體貼。飯後吃甜品是一個頗佳的提議，可借此段時間談談笑笑。晚飯過後，應送她回家，分別前向她簡單說一句：「這個晚上和你度過，感覺實在很好。」那就會更令她樂上心頭。此時，你再溫柔地問她一句：「我們可以再繼續這樣出來吃飯傾談嗎？」

做到了以上幾點，相信她（他）再沒有拒絕你的理由了。不過為了保險起見，這裡再簡單介紹一下第一次約會的九大忠告。

(1)不要讓對方認爲你是很忙的一個人。你要給她（他）隨時都可以見面的舒服感覺。假如你讓對方感覺你總是很忙，她（他）會覺得很不踏實，很可能會猜測以後的日子也不穩定。

(2)要自信。人們一般喜歡有信心的人，但你要明白自信和自滿之間有分界線。讓對方明白你很謙虛坦然，但極具信心。千萬不要誇大自己，否則會讓對方感到不安。

(3)對話要有趣，保持流動性。你要機敏、眼明手快。兩人當中任何一方都不能做獨佔性主導，這就不能稱爲交談。假如你在努力保持均衡，而對方一味地講述自己，那麼這樣的人或許就不太適合你了。

(4)不要見面才一兩個小時就急著下結論。第一印象很重要，但第一印象並不代表他的全部。路遙知馬力，日久見人心。你要多交往幾次，慢慢觀察。第一次見面時，每個人都把自己最好的一面展現給對方。況且，你要明白有些人的表演能力很強。注意，不要太急，給你也給對方幾次機會。

(5)不要因爲與自己的舊愛差別太大而放棄。人經常是這樣的，過去愛過什麼樣的人，就按那樣的標準去做比較。人總喜歡留戀過去而錯過眼前一個個機會。你要客觀地評價對方，不能總拿她（他）和曾經的愛人進行比較。雖然她（他）和你的舊情人是完全不同的風格，但或許你會因爲發覺她（他）眞正的價值而驚歎不已！

(6) 注意較爲特殊的人。與此類型的人長期交往會有很多不愉快的事情。例如，第一次約會時告訴你她（他）多麼憎恨自己的媽媽，剛見面一個小時就開始大談自己的理想和抱負，等等。所以，假如你心裡有什麼怪異的感覺，不要忽略，要愼重考慮。

(7) 仔細考慮與你的生活態度、生活志趣完全不同的人是否適合自己。這並不是說一定要交一個愛好、習慣完全與你相像的人。但假如一個極其喜歡運動的人與成天宅著的人，或連散步都不願意的人一起生活，會不會覺得很無聊呢？

如何增加首次約會的好感指數

第一次約會的時候，是說自己得意的事還是糗事？帶她去你家，請她坐沙發還是坐餐椅？表白或面試時，是說「我一直……」還是說「最近越來越……」？想託付工作時，說「請幫我一下」和說「來，我們一起做」，哪個更有效？有重要的話要講，語速該快一些還是慢一點？和你約會的女性只吃一點點東西，她對你到底有沒有意思？

人生中往往充滿了岔路口。你必須在最關鍵的時刻，選擇對自己最有利的答案。可惜現實生活中，絕大多數人憑藉本能，總是進行錯誤的選擇。所以在情場和職場中，步步成功的達人十分稀少，90%都會黯然神傷。

我們身邊一定有健談的朋友，但是我們寧願把時間花在懂得傾聽的朋友身上，而非那些健談的朋友。一個人見人愛的溝通高手，就是認眞傾聽對方說話時的人。善於傾聽者比健談者，更能博得良好的第一印象。有研究稱，到醫院看病的人當中，40%的人並不是因爲眞的有病纏身，而是想找人聽他們說話。

憤怒的顧客、滿腹牢騷的員工，以及心情沮喪的朋友，他們最想要的只是希望有人傾聽他們的問題。因此，要想成爲人見人愛的溝通高手，首先要成爲一名優秀的傾聽者。我們思考的速度比傾聽的速度快三倍之多，所以大部分人會覺得，坐在那裡耐心地傾聽是有難度的事情。

在生意場上，你的第一步就是銷售自己，你的目標是先將你自己銷售出去，再提出跟你的期望及對方的需求有關的問題，挖掘出對方的主要需求與關鍵問題。

傾聽的五大黃金法則——

一、使用「積極傾聽術」——「積極傾聽術」是非常有用的方法，可以鼓勵對方一直說下去，也能讓你了解對方所說的一切內容。想運用「積極傾聽術」，只要重新詮釋對方說的話，並以「你」作爲開頭回應即可。舉例來說：

馬克：「我公司有一千二百名員工，想往上爬，眞的很不容易。」

梅麗莎：「你一定覺得很沮喪吧？」（積極的回饋）

馬克：「這是一定的。我已經參加了幾次升遷面談，但我總沒獲得升遷。」

梅麗莎：「你覺得你只是被抓去插花充數？」

馬克：「對，對，就是這樣。如果他們覺得我不勝任，我寧願他們直截了當地說！」

梅麗莎：「你希望對方以誠相待。」

馬克說：「一點沒錯！還不只這件事（馬克繼續說）……」

如果你不確定你是否聽懂對方所說的話，可在句尾加上——「我這樣說對嗎？」例如，梅麗莎可以說：「你希望對方以誠相待，我這樣說，對嗎？」傾聽會讓人對你敞開心胸，因爲你不是發表個人看法。這也表示，你永遠不用擔心下一秒該說什麼。

二、簡單的鼓勵話語——當對方在說話時，你可以用簡單的鼓勵話語，鼓勵對方繼續聊下去，這樣能讓對方講的話以及提供的信息量多3倍。

三、持續注視對方的眼睛——當雙方眼神交會時，持續注視對方的眼睛，直到他將眼神移開爲止，回應對方的凝視會讓彼此的關係更進一步。

四、傾聽時可以靠近一點——當我們不喜歡一個人，或者覺得對方很無趣時，就會離對方遠一點。靠近對方，則可以表現出你很有興趣聽他說話。

五、不要插嘴，不要換話題——當別人說話時，一定要讓對方把想說的話說完，避免換話題的行爲。

另外，學會說「謝謝」，也是建立良好人際關係的最具影響力的技巧之一。所以，在此我們建議，隨時隨地注意這個關鍵字眼。一有機會，就對他人好好地表達感謝。

那麼，如何將「謝謝你」說到別人的心坎裡呢？將「謝謝你」說得深入人心的四大關鍵之處敘述如下——

(1) 將感謝說清楚。把「謝謝」清楚地表達出來，能讓對方感受到你是眞心誠意地道謝。當你說謝謝時，記得要懷著愉悅的心情。另外，如果你向對方道謝時，他身邊有其他人在場，則你的感謝效果會大大增強。

(2) 看著對方的眼睛，以及少許肢體接觸。看著對方的眼睛，可以加強你的誠意。如果你用手輕輕碰觸對方的手肘，會讓對方更能感受到你的熱忱，並對你難以忘懷。

(3) 必須使用對方的名字。把你的感謝「個人化」。「謝謝你，蘇珊」，比單單一句「謝謝你」更有力量。

(4) 親筆寫感謝小卡片。如果情況允許的話，這是最好的感謝方式；當面感謝對方的影響力則次之；利用電話表達謝意的效果又次於當面感謝；用手機簡訊傳達謝意，比什麼都不說來得好。

眾所皆知，第一印象在社會交往中起著很重要的作用。良好的第一印象有助於你脫穎而出，從而打開通向成功的第一扇大門。我們也會經常把「印象」掛在嘴邊。

一般來說，印象是指我們對別人的看法。從本義上說，印象包含了認知對象各方面的突出特點，它所反映的是對象的總體特徵。但是在很多情況下，我們並不是等到把握了對象的全部特徵之後，才產生對他的印象。有時候甚至只需要打量一下他的外表或者跟他說幾句話，就可以產生一種最初的印象。

在日常生活中，由於交往的需要，人們總是希望給對方留下一個好的、恰當的印象，這就需要我們有意識地用到印象管理。印象管理是心理學家庫利、戈夫曼等人提出的。他們認爲個體爲了獲得別人和社會的贊同，通過調整自己的儀表、體態、言語等方面，間接地影響和控制他人的知覺和感受的過程，就是印象管理。

在社會交往中，印象管理很重要，它是調節人際關係的重要手段。由於我們都希望給他人留下好的印象，所以會自覺地約束自己的言行，不斷地進行自我反省，從而加強人際的互動，保證交往的順利進行。

美國人際關係專家在對一所州立大學的164位大學新生，進行了一項人際關係調查後發現，第一印象哪怕是驚鴻一瞥，都會對將來關係的發展有極深的影響。

爲了這項調查，研究人員將164位大學新生，分別與另一位同性別但不認識的學生配成對，然後讓他們彼此向對方自我介紹，並相互交談三、四分鐘。

接著，研究人員要求這項研究中的參加者，預測他們未來是否會與他們剛剛所遇到的這個人，發展正面的關係，且將剛認識的這個人歸類爲以下哪一種朋友：點頭之交、偶然的相識者、熟人和親近的熟人、朋友和親近的朋友。

兩週後，研究人員再度對這些學生調查，了解他們與另一位學生已經發展成爲哪種關係。那些一開始就成功配對的人，似乎在班上上課都坐得比較近，而且常常會跟這些人說話。後來的追蹤也發現，他們已經建立了親密的友誼。

針對這一現象，有關專家認爲，彼此之間建立何種關係，是一種——「自我實現的預言」。如果你預測會與對方建立較爲正面的關係，那麼很有可能你會努力地付諸行動，但是如果你預見彼此雙方會有負面的互動，那麼你很可能會限制彼此之間溝通的機會。因此，好印象能影響你與他人未來的關係。

下面就針對男性朋友，介紹一個簡單的第一次見面時提升好感度的法則。

⑴你要有敏銳的觀察力，觀察美眉身上的細節，如背包、手錶、手鏈、髮夾之類佩帶在身上的東西。

⑵根據冷讀術的理論和你的觀察，冷讀美眉的左右人格，美眉說贊同或不贊同都沒關係。效果最好的當然是判斷美眉是「左」的，因爲80％的人自認爲是右撇子，你能這樣判斷，證明你的眼界與眾不同。當你被迫只能判斷「右」的時候，如果不加點性格冷讀就沒有什麼高價值展示。

(3)進一步測試，先叫她眨左眼，再叫她眨右眼。據觀察，每個人必然有一隻眼睛眨得靈活而另一隻眼睛眨得非常彆扭。這個眨眼結果可以進一步驗證你的冷讀效果，你要好好把握。

(4)做完測試後，她可能已經對你信任了，你們可以斯文地開聊了。你說我還有一個證據證明你的左右，她問是什麼，你不說話，輕輕地慢慢地捋一下她額頭前的劉海，這樣目的就達到了。

下面我們來分析一個具體的男搭女的事例。

美眉：「我今天上班上得好累啊！」

男士：「有人調查過，93％上班的人，每個星期平均有2.5天會覺得很累。」

美眉：「我一定超過2.5天。這幾天每天上班都覺得累。」

男士：「是你的老闆不好，還是你不喜歡你的工作？」

美眉：「對啊！你怎麼知道？是我老闆。今天他讓我一會兒做這個、一會兒做那個，我覺得好煩。」

男士：「就像自己是個無頭蒼蠅，一下這一下那，弄得團團轉。」

美眉：「是啊！挺累人的。」

男士：「我有時候在想如果每天不用工作，天天做自己喜歡做的事情，和朋友出去玩一玩，去外地轉個兩三天再回來。對了，如果你今年如果有年假的話，你會選擇到哪去？」

下面我們來分析一下上面這個事例。

美眉說：「我今天上班上得好累啊！」

首先，分析這句話裡的情緒：「累」、「煩躁」。然後，進一步探索，爲什麼上班會「累」，會「煩躁」？

導致上班煩躁和累的原因，不外乎是不喜歡自己的工作，或者工作上和同事、老闆、客戶不開心等等。接下來需要進一步探索才能確定具體原因。這一步可以用很多種方法來探索，如心理法、價值引煉法、冷讀法、遊戲法等。

事例中的男士用了關鍵字技巧，他抓住關鍵字「上班累」來建立初步關係。男士說：「有人調查過，93%上班的人，每個星期平均有2.5天會覺得很累。」這是運用第二層的關鍵字技巧，抓住關鍵字「上班」、「累」，來建立初步關係。這句話還讓對方感覺良好，因爲不是全世界就她一個人上班累，同時隱含告訴她，不要向我抱怨，我是一個高價值的男士，不是來聽你抱怨的。

也就是說，「有人調查過，93%上班的人，每個星期平均有2.5天會覺得很累」這句話是高價值的展現。這不是什麼做方塊測試，不是什麼打壓等明顯的高價值展現，而是高級的高價值展現技巧。

在這種情況下，美眉可以這樣回答——

(1)「什麼調查？我怎麼沒聽說過。」（破壞關係）

(2)「我一定超過2.5天。這些天每天上班都覺得累。」（中和關係）

(3)「你上班累不累？」「是嗎？你知道的東西還挺多。」（討好關係）

這裡，如果美眉說「什麼調查，我怎麼沒有聽說過。」這說明要麼她已經對你有意思，因而在不自覺地的測試你，要麼就是她對你沒感覺，這句話是破壞關係。這樣的話，你不要老老實實地回答，可以開她玩笑，甚至可以打壓。

如果美眉說：「我一定超過2.5天。這幾天每天上班都覺得累。」（這是中和關係）下面會具體分析這個。

如果美眉說：「你上班累不累？」、「是嗎？你知道的東西還挺多。」這是討好關係，說明美眉已經喜歡你，已經對你有意思，在做努力讓你喜歡她。所以這樣的情況，你不要用打壓，不要損她，不要對她高傲，更不要傻乎乎做各種讓她喜歡你的東西。她已經喜歡你了，你接下來要做的就是，升級你們的親密關係，當然你也可以間接傳達給她，告訴她你喜歡她的性格，或者問她其他什麼，比如她的特殊興趣、愛好等。

總之，對於三個不同關係的回答，男士的回答也應該是不同的。具體怎麼不同？爲什麼要不同？這裡，我們就先選中和關係的回答。

美眉回答說：「我一定超過2.5天。這些天每天上班都覺得累。」

美眉這麼回答，並且是中和關係。這裡可以確定她的確是覺得上班累，是眞誠的。那麼你就可以探索下去，說出眞正導致上班覺得累的根源。上面講了，不外乎是不喜歡自己的工作，或者是工作上和同事、老闆、客戶等有不開心的地方等等。接下來男士用冷讀來進一步探索確定具體的原因。

男士說：「是你老闆不好，還是你不喜歡你的工作？」（冷讀，來確定根源）

冷讀看似胡亂猜測，其實是分析後的合乎常理的推斷。這裡的這個冷讀的效果其實還不是最好的。因爲你仔細看，其實男士冷讀的兩個東西其實很接近。當然，可能是男士眼力比較好，已經看出了問題的根源，所以不需要把網撒得太大，達到目的就行，沒有必要追求完美。

美眉說：「對啊，你怎麼知道？是我老闆。今天他讓我一會兒做這個，一會兒做那個，我覺得好煩。」

這個時候，美眉已經感覺男士很了解她，已經向男士打開心扉。兩個人的親密關係已經升了一級。男士進一步探索後發現，其實美眉的累是對老闆不滿意，所以導致工作不開心。因為「煩」才覺得累，而不是因為一般的爬山，或者做體力活才累的。這個資訊是很關鍵的。我們下面還會看到這樣的例子。

男士抓住這個情緒線索：分析這個情緒是什麼感覺。然後想像什麼樣的場景、情形或者比喻，能夠回饋給美眉這種感覺。

信息：被老闆指揮來指揮去幹很多活，工作不開心，不喜歡老闆，也可能不是很喜歡這個工作，所以工作累。

導致情緒：煩，累。

男士可以回饋給美眉說：「就像自己是隻無頭蒼蠅，一下這一下那，弄得團團轉。」這裡用了一個比喻的手法來給美眉一個能回饋相同情緒的場景。達到的目的就是讓美眉進一步覺得男士對她非常了解，從而對他更加打開內心。

這裡還有一點與美眉玩笑的成分，也留給了美眉輕鬆開玩笑的機會。你把她比成蒼蠅，但不是直接說你像蒼蠅。美眉一方面覺得你太了解她，另一方面快樂的生氣你什麼比喻不好用，偏偏要用蒼蠅。

一些開朗活潑的美眉會反開你的玩笑說：「是啊！不過我到希望自己是隻飛來飛去的蝴蝶。」

這樣美眉會不自覺地把這個氣氛和男士聯繫起來，對男士就更喜歡了。注意一點，如果出現這個情況，有關這個工作的話題，除非美眉自己再提起，男士就不要再提了。男士已經用一句話給了她好心情，不要再回去了。

我們回頭看一下，對普通男士來說，當美眉說：「是我老闆。今天他讓我一會兒做這個一會兒做那個，我覺得好煩。」普通男士要麼下面不知道說什麼話，要麼可能會直接勸她想開一點，或者不開心就換一個工作，或者討好美眉試圖讓她開心起來之類的。

這類的話說了等於沒說，要麼就是一些男士認爲自己比美眉懂，而試圖直接給她們鼓勵、建議和輔導等。這些都不會讓美眉喜歡你，更不會使你們的親密關係升級，反而會拉遠。

如果美眉沒有抓住你下留的這個機會，就像我們上面例子裡的對話，她說些類似

「是啊！」、「累啊！」之類的話。那麼，我們還是可以繼續這個話題來加深關係，把兩個人的關係再升一級。

接下來更進一步分析：這樣的情況下的相對的一面，相對的情況是什麼，相對的情緒是什麼？因爲這個很有可能就是這個人目前所嚮往的、渴望的。

相對面：不用工作；好老闆；自己喜歡的更好的工作。也就是說，美眉目前可能心底裡的幻想，就是期待嚮往不用工作，期待換一個好老闆，或者期待一個更好的、自己更喜歡的工作。

那麼，男士說：「我有時候在想，如果每天都不用工作，天天都可以做自己喜歡做的事情，和朋友出去玩，去外地轉個兩三天。對了，如果你今年如果有年假的話，你會選擇到哪去呢？」

這話道出了美眉的心境，說出了她的心裡話。一方面保證美眉會給出很好很多的回答，因爲這正是她的期待和嚮往；另一方面她已經對男士更加喜歡了，因爲他不但能夠理解她的處境、心情，還和自己擁有相同的嚮往和期待，正是志同道合！紅顏知己！這樣，美眉就可能會沒完沒了地開始和他說話了。

如果美眉對她的工作還是比較喜歡的，就是不喜歡她的老闆，那麼，男士可以這麼說：「我以前大學剛畢業時爲一個老闆工作，剛開始，我以爲他很酷，一起去派對，一起出去玩什麼的，但是，他和我性格不合，我不喜歡他的工作方式，我一直都很想換一個新老闆。」

到這個地方就打住。因爲下面美眉會問：「接下來怎麼樣了？換了沒有？換了工作沒？」因爲美眉正好自己在煩這個換老闆的事情，她對這個事情會非常感興趣，非常投入。下面你們就可以繼續聊天。

現在，我們終於對這個深層「話塊連情法」有了一些初步的了解。這個方法的所有的分析都是在很短的時間裡完成的，0.2秒、0.5秒或者1秒等。你可能覺得很難，上面就是一個例子。不過，好消息就是，任何人只要努力學習和鍛鍊，就能考上好學校，也一定能吸引到漂亮美眉。

那麼，我們先來做一個簡單的練習，下面是第三層次裡我們用到的那個對話例子。你可以來分析一下：這個男士如何在下面對話裡用到「話塊連情法」？男士的這段話起到了什麼樣的作用？這個男士爲什麼要說這段話？

男士：「有意思。你聽過一張照片就等於一千個字的話嗎？」

美眉：「聽過啊！」

男士：「但我認爲一張照片就等於一千種感覺。當我看一幅畫，或者一幅照片的時候，通常讓我印象最深的，就是那照片能夠給我的感覺。讓我想到，他們必須用相機來捕捉這個畫面，因爲，它根本無法用言語詞彙，來表達這個畫面所要傳遞出來的感覺……」

美眉：「哇！……」

這就是眞正的「話塊連情法」，是深層次的心與心的溝通，所謂的心靈相通、似曾相識的感覺。

對「對話塊連情法」進行一下簡單描述，就是通過對方講的話，來分析提煉出對方當時的情緒和情感。對這個情緒情感結合任何可以獲得的背景資訊加以綜合處理，發掘出導致這個情緒的本質或者根源，然後在回饋對方的話中，間接表達與此相同或類似的情緒和情感、經歷、見聞，或是你知道的事情。

可以用打比方、講故事、做描述等手法，來表達自己對對方的情感上的理解。效果是，對方覺得你對其當時心境非常了解，好像自己的知音，連她的好朋友也沒有這麼了解她，而且還是她沒有直接告訴你的前提下發生的。

例如，她可能就說了——「今天上班好累啊，老闆讓我忙這忙那的。」而你下面說的話，就讓她覺得你是知音。

之前上面的三個層次，第一個簡單的同意或者感慨一下就是最初步非常表面的關係建立，不是一個技巧，是絕大部分不知道下面說什麼的人常常會說的。

第二個「關鍵字技巧」就是一個技巧了。讓你進行正常的溝通、交流，就是順著對方說的話交換自己的經歷、觀點、看法、見聞等等，解決的就是不知道下面要聊些什麼的問題。

第三個「話塊連情技巧」就是讓兩個人能立刻成爲朋友的技巧。不單單是針對對方說的話，而是針對對方熟悉的感興趣的話題，交流自己的知識、經驗、看法、觀點等。

同時，展現自己對對方感興趣的話題的了解程度很深，也就是側面顯示了自己是一個內行，自己也是感興趣的，一下子把兩個人的距離拉近了，就是大家都是自己人了。

舉個簡單的例子，比如你對搭訕學、吸引學感興趣，很內行。在咖啡店碰到一個陌生人，沒說話之前，就是一個陌生人而已！但是一談，發現人家是搭訕老手，你們的關係就一下子拉近了，有一種大家都是自己人的感覺。

這個方法是在情感上的交流，注重一個情字。第一個層次是表示友好，第二個層次是我們聊得來，第三個是我們興趣相投，是朋友了。

那麼，這第四個層次就是我們愛上了，是能讓對方動情和投入感情的方法。關鍵要把握一個原則，不要拿來耍人家，沒有必要，不要傷害別人的感情。

男人無法去搭訕的人

在男性「搭訕犯」們看來，對具備以下幾種特徵的女人，他們是不會產生興趣並主動去搭訕的，約會也必被其放鴿子。

1．指甲裝飾

指甲修飾是爲了顯出指甲的纖長、色澤健康，但是過於詭異的顏色反而破壞效果，任何一個男人都不想握著一雙這樣的手。

另外，男人的眼睛有時候比女人還毒，一些小細節，比如剝落的指甲油、銜接極不自然的假指甲等，通常會成爲他們挑剔女孩子的因素之一。忽略了這些細節，會令你的外在形象大打折扣！

2．病態的煙熏眼妝

煙熏妝是許多化妝師在舞臺上選用的妝容，原因在於夠時尚，能展現出一種特立獨行的個性。不過由於它的戲劇感太強，不太適合日常妝，且男人們無法理解爲何女人要把黑顏色塗在自己臉上。他們會覺得女人過於病態、不精神。

3．撲粉像刷牆

「粉厚得跟城牆似的」，這問題就在於粉的顏色和膚色不對稱。如果沒有選對適合自己的粉，就算是薄薄的一層，都是非常不自然，而且沒辦法長時間保持明豔、亮麗。皮膚的色調主要取決於皮下組織的胡蘿蔔素（黃色）、動脈（紅色）和靜脈（藍色）的平衡。

靜脈對皮膚色澤的影響尤大，如果功能比較強，肌膚會變得比較藍，屬於冷色系的肌膚；反之，如果靜脈的功能比較弱，肌膚就會偏黃，屬暖色調。帶點藍色的肌膚，最好選擇藍色調的粉底；帶點黃色的肌膚適合選擇黃色調的粉底。要想妝容自然，還應記得在明亮的窗邊，或是更多靠近自然光線的地方選購粉底或上妝。

4．眉畫得硬如鋼絲

無論女人描得濃密的或是淡淡的，自然而有形就是男生喜歡的眉形。描得如鋼絲又彎又細又黑的眉毛，會使人覺得不好接近，通常讓他們無法接受。有些女人天生眉毛稀疏，比較適合畫這樣的眉形，但要注意線條不要過硬過濃密。最好不要剃掉眉毛完全改變眉形，可以依照原本眉形，用比較自然的畫法來處理即可。

5．臉像調色板

許多女生化妝喜歡把所有的顏色都往自己臉上塗，認為色彩豐富會讓自己精神。實際上這種觀點是錯誤的。把臉部的每個部位都當重點化妝，只會讓自己的妝容無重點感。若是想試試腮紅強烈的曬傷妝，眼部妝容的色調就必須柔和；濃烈的煙熏妝一定要搭配清淡的唇膏。注意突出單一的流行重點，不要讓自己的那張臉，成為各種顏色堆砌的畫布。

6．眼線太詭異

畫眼線，是爲了使自己的雙眼更加深邃、神采奕奕，但若是將眼線當眼影，畫得太粗，就會讓男人們退避三舍。眼線的描畫應該儘量地追求自然和諧，大白天畫個極具魔幻色彩的墨綠色眼影，會顯得過於誇張、不自然。另外，諸如紅色、紫色等過於鮮豔的顏色，不適合在日常生活中當眼線使用；宜儘量用黑色或白色，黑色顯得眼睛大，白色會適當提亮眼睛。

7．眼睫毛糾結

使用纖長睫毛膏後，一定要用小刷子將睫毛梳開。因爲糾結成一團的睫毛只會破壞妝容效果，讓男人覺得大殺風景。希望男性近距離欣賞自己的女士，就該注意一些小細節，切勿因小失大，小小的粗心會破壞整體的精緻感。不妨學習王心凌的眼妝，這樣根根分明的睫毛，男生一定很喜歡！

8．黑色嘴唇

無論流行怎麼變，男人對於女人那紅潤自然的唇色，是永遠不會厭倦的。有調查顯示：男人最害怕的口紅顏色前三名分別是：黑色系、白色系和妖豔的紫色。若注意搭配，這些顏色不會成爲敗筆。主要是有些女生只塗口紅不搽粉底，對比太明顯，實在是雪上加霜。

9．殭屍妝

化妝不能太誇張，不能太生硬。生活不是T台，太誇張了，男人們受不了！殭屍妝容會讓第一次見到的人嚇一跳，暗紅色的嘴唇、慘白的臉、呆滯的眼神，配上亂糟糟的頭髮，一副殭屍糜爛的造型，眞是完全顚覆了自然的形象。

用攻勢贏得愛情和事業的成功

一個人一生必不可少的東西是什麼？

答：愛情和事業。

哪個人能說愛情、事業皆可拋？其實愛情是人性本質存在的東西，而事業是外界促使人必須擁有的東西，這兩樣可以相輔相成，當然也可能短兵相接。

有些時候會有人問，愛情和事業，哪個更重要一些？其實說得簡單，誰有那個本事將兩樣東西搞得界限分明？

先拿愛情說吧，兩個人從陌生到認識，再從認識到彼此相依，其實是不容易的。選好對象，怎麼能讓她成爲自己的另一半呢？我想這眞是個値得深思熟慮的問題。想認識陌生人，搭訕自然是少不了的。下面舉個眞實的例子：

旭結婚的時候，朋友們很詫異，兩個月前還沒女朋友呢，怎麼突然結婚了？就算是現在流行閃婚，可是也沒有這麼快就「閃」的啊！

當然，爲了兩個人的幸福著想，朋友們當時沒有問原因，而是等到兩人結婚後，一次出來喝酒的時候，旭半開玩笑地說明了原因。

原來，那是搭訕的結果。

有一次，旭去國外出差回來，飛機上中國人少得可憐。旭並沒有搭訕的意思，所以閉目養神了一會兒。沒想到幾分鐘後，一個女孩子的聲音卻在他耳邊響起，說著純正的中國話。

旭應聲抬頭看，女孩就在面前，弄得他有些緊張，女孩在他身邊坐下來，兩個人也算是有緣。更主要的是那女孩長得很清秀，就像畫裡走出來的似的。

作爲分公司總經理，旭的語言技巧自然很到位。女孩坐了一會兒就四下張望，旭便知道女孩很少坐飛機。接著，他借她的「東張西望」開始搭訕了：「嗨！你要做什麼？」

女孩回頭一臉無辜地說：「嗯？怎麼了？」

旭明顯開玩笑地說：「你要是覺得悶就把窗户打開吧！」

女孩先愣了2秒，然後捧腹大笑。旭也跟著笑。女孩笑了一會，坦白地說：「我總是覺得坐飛機不安全！」

旭微笑著搖搖頭（這是更加提升風度的做法），然後說：「有這麼多人在陪你，你害怕什麼？你要是常出國的話可以找我。我當你的護花使者。」

女孩有點不好意思。旭心裡卻樂開了花，女孩可愛的模樣他眞是越看越喜歡。這堅定了旭猛追女孩的決心。

旭見女孩沒有回答，便改口說道：「開玩笑的，結伴可以，護花使者還是由你男朋友當吧！你男朋友是做什麼的？」

女孩笑笑說：「分手了！」

旭淡淡地「哦」了一聲。

然後旭轉了話題。說來也巧，女孩的公司就在旭樓下，也算是有同樓緣分。女孩笑著問旭：「像你這麼高的職位，肯定有不少女孩子追吧？」

旭心裡暗自高興，這就證明她有意關注自己，旭從包裡拿出筆記本和筆放在桌子上，然後緩緩一笑：「我比較相信緣分，投懷送抱的並不是自己的緣分。」

女孩用崇拜的眼神打量旭。旭趕忙說：「你可別崇拜我啊！我給你簽個名？」說著從筆記本上撕下一張紙，寫上了自己的手機號碼，然後遞給女孩，女孩拿過他的筆記本，寫上了自己的號碼。

得到女孩號碼的旭暗自想：還好遇到了一個「懂禮貌」的女孩。

接著，兩個人下了飛機，一起去了公司。

再後來，他們優哉遊哉地結了婚，愛情美滿。

對於事業成功人士，我們可以看出他們身後一般都有一個強大的團隊和一群有業務往來的固定人士，我們可以將他們稱做「人際」。那麼，我們該怎麼搞好人際關係呢？

1．使用稱呼就高不就低

馬斯洛的需要層次理論中有「尊重的需要」這一層，因此，在介紹一位教授時，說：「這是××大學的××老師」，更能讓對方有種被人尊重的優越感。

2．入鄉隨俗

一般情況下，也許你會習慣性地問：「是青島人還是濟南人？」但是，當你人在濟南時，就應該問：「是濟南人還是青島人？」這也是你對當地人的尊重；當你到其他公司拜訪時，不能說主人的東西不好，所謂客不責主，這也是常識。

3．擺正位置

在人際交往中，要擺正自己的位置。很多人之所以在人際交往中出現問題，關鍵一點就是沒有擺正自己的位置。也就是說，在人際交往中下級要像下級，上級要像上級，同事要像同事，客戶要像客戶。擺正位置才有端正態度可言，這是交往時的基本命題。

4．以對方為中心，尊重別人

在商務交往過程中，務必記住以對方爲中心，放棄自我中心論。例如，當你請客戶吃飯的時候，應該首先徵求客戶的意見，他愛吃什麼，不愛吃什麼。不能憑自己的喜好，主觀地爲客人訂餐，這就叫擺正位置。

如果你的客戶善於表達，你可以誇他說話生動形象、很幽默，或者又有理論又有實踐，但你不能說：「你眞貧，我們都被你吹暈了！」

5．樂於助人

一、心存感激

「滴水之恩當以湧泉相報」，即使做不到這一點，也要始終堅持——「投之以桃，報之以李」，時刻想著別人，感激別人。

二、同頻共振

俗話說：「兩人一般心，有錢堪買金；一人一般心，無錢堪買針。」聲學中也有此規律，叫「同頻共振」，就是指一處聲波在遇到另一處頻率相同的聲波時，會發出更強的聲波振盪，而遇到頻率不同的聲波則不然。

人與人之間，如果能主動尋找共鳴點，使自己的「固有頻率」與別人的「固有頻率」相一致，就能夠使人們之間增進友誼，結成朋友，發生「同頻共振」。

6．注重溝通技巧

現代交往中，大家都明白一個常識——「十里不同風，百里不同俗」。不同行業有不同的要求，站在不同的角度看問題，結果可能大不一樣。

例如，從事外事工作的人有一個特點：說話比較中庸。如果你問他們：「這場球賽，你認爲誰會贏？」他們不會告訴你誰會贏或者誰會輸，而是告訴你都有勝的可能，不偏不倚、模棱兩可。這就是職業的語言特點。

對於我們大多數人來說，眞正良好的交流能力並不是與生俱來的。如果你是一位商人，那麼你所面臨的最大困難將是如何與人打交道。不過，即使你是一位會計，或者是一位家庭主婦、建築師或工程師，情況同樣如此。

幾年前，由卡耐基基金會贊助的一項調查研究顯示，即使在工程技術工作方面，一個人所獲得的高額薪水，也只有15％是因爲他的技術知識，而其他的85％則是因爲他的人際交往，即個人品質和才能的發揮。

第2章

初次見面的搭訕方式

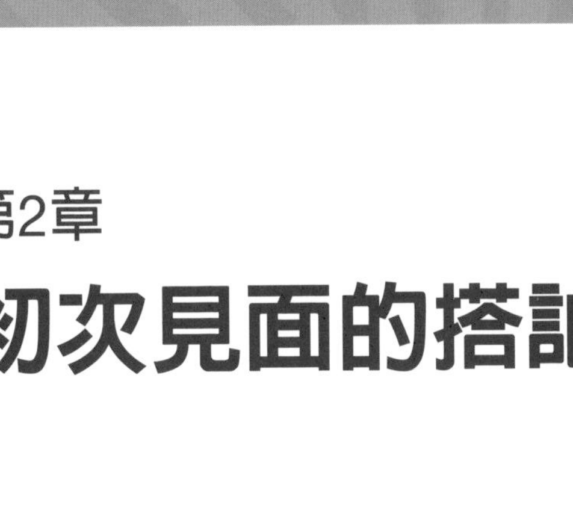

用一個話題讓對方樂意開口講話

我們都希望張嘴說的第一句話讓人覺得妙不可言，睿智又有內涵。我們也希望聽的人會立刻讚賞我們的機智。但是，即便你非常有見解，如果不顧及他人的感受，就算你說得天花亂墜，也會適得其反。

比如，當你無意中說了一句——「唉，我這次怎麼考得這麼差？」別人立刻提出自己的見解——「如果你認眞些就不會這麼差了。」但對方仍然精力充沛，誇誇其談。對於全身疲憊的你，那些話卻無異於刺耳的噪音。

想一想，如果急於發表見解的人是你，別人會喜歡和你說話嗎？

由此可見，想讓別人樂意和你聊天，有時候重點不在於你的措辭或見解，而在於你的節奏。換句話說，不應該強行侵入對方的思緒。可以配合對方沉悶的情緒說：「嗯，沒關係的，誰都有失常的時候。」然後說：「你要對我談談那些失誤的題目嗎？」等對方表示樂意聆聽之後，再把你的分析說出來。

開口之前，先注意一下對方的表情和語氣，以便了解其情緒狀態是很愉快、很鬱悶，還是很煩躁。如果你能注意到對方當時的情緒，並且配合他的情緒和語調，你們的聊天就會合拍了。

另外，還有一些能讓對方開口說話的簡單技巧，列舉如下——

1．用平常的內容促進友誼

你擔心自己的話不夠酷而失去吸引力嗎？別怕，80％的人對你的第一印象都和你說話的內容關係不大，而和你的「態度」關係更大。

也許你很羨慕說話機智的同學，可是你要知道，人不會總喜歡腦筋緊繃，一疏忽就會在別人哄堂大笑時，自己卻像傻子一樣無所適從。這時候，你大概就會知道眞誠而平常的話，是多麼可愛可親了吧！

無論你說的內容多麼平常，只要你以積極的心態，熱情地把話說出來，就可以引人入勝。其中的竅門就是：要讓對方感到輕鬆，而且聽起來眞誠。不過要注意，就算是眞誠和平常的話，也不要抱怨和說粗話。

如果你一開口就抱怨，人家就會把你貼上愛抱怨的標籤。就算你是全天下最樂觀的人，那又怎樣？別人根本不知道。如果一開口就粗話連篇，卻很可能使他人感到討厭。

記住：要想說些知心話，最好讓你們的對話在和風細雨中進行。

2．身上穿戴與眾不同的東西

對於比較奇特、異常或漂亮的東西，我們可以稱其爲「話題物品」。它們對於打開話匣子很有好處。很多時候，你可以不必具備任何聊天的技巧，只需穿戴一件與眾不同的東西，然後鼓足勇氣向前搭訕就夠了。

穿著標新立異的奇裝異服，這個風險的確非常大，很多人都會看不慣。不過，並不是只有染頭髮、釘耳釘這樣的標新立異，才叫與眾不同，也許你會選擇其他不太張揚的方式，如在手腕上戴一個造型別緻的運動型腕表。

總之，你的目的是，靠一點別出心裁的物品，吸引別人的注意力，從而爲別人找你說話鋪路。話題很可能從你的腕錶開始，談到你喜歡的運動專案，談到你以前的比賽成績，談到你得的一個有意義的獎品，談到大家對你的讚譽……

反過來，你也可以明察秋毫，找到別人身上的話題物品，之後便可上前表示出你的興趣：「我注意到你……」於是，你們的聊天就此開始了。

如果對方身上沒有特別的「話題物品」，那該怎麼辦？

如果你已經認眞審視過一個人，發現他從頭到腳絕對平常，如果你找不到可以做話題的東西，就使出另外一招——請周圍人替你介紹。

不過，假使你不願意讓別人幫你介紹，也可以向別人問關於他的事情，讓你有話題上前打破僵局。當你知道了他喜歡打籃球時，話題不就來了嗎？現在你可以朝他走過去，「嗨，你是××吧？剛剛××告訴我你打籃球很棒，我也很愛打籃球。」──就像這樣，懂了吧？

3．偷聽目標對象與他人的對話

如果你下定決心要和某人搭訕，而你沒有發現她（他）身上任何可以成為話題的特徵，而且也找不到願意為你介紹的人，更糟糕的是，她（他）似乎和一群朋友談得很投入，看來她（他）根本沒把你放在眼裡。

別擔心，任何障礙都阻擋不了下定決心的你，這時可以使出「偷聽」這招。當然，偷聽總給人「偷偷摸摸」的壞印象，但你的偷聽顯然不是為了陰暗的目的，你只是想和他交朋友。這時，走近你想接觸的那群人，等待一些關鍵字眼，聽到稍微值得利用的藉口就趕快加入了談話。

「對不起，我恰好聽到你說……」然後接上一些與當時有關的話題。比方說，「我剛好聽到你們在說建博客，我也想建一個，能不能給我一些建議？」

他們會不會嚇一跳？會，但只有一下子吧。

他們會不會很快就恢復過來？當然。也是一下子吧。

他們會不會讓你加入他們的談話？當然沒問題。

這樣不就打進這個圈子了嗎？現在，你可以把話題轉到你所希望的方向了。

4．仔細偵察話裡的話

溝通高手都知道，每個念頭一定自有來歷。

你對一位同事說：「××同事眞是個怪人，每次我和他說話，他都愛搭不理的。」這位同事這樣說道：「很多同事都這麼看他。」

注意！這位同事的言下之意很可能是他有不同的看法。你如果忽略這個不尋常的細節，繼續按你的思路說下去，你很可能錯過一個了解××的機會，尤其是讓你面前的這位同事覺得你沒什麼見解，因而讓接下來的談話顯得敷衍。

仔細注意對方提及的不尋常字眼，如一切偏離主題的地點、時間、人名等。朝這個方向進行發問就對了，因爲這些才是對方喜歡談的。

5．不妨來個鸚鵡學舌

現在你想休息一下，不想說很多話。但你又不想打消朋友的熱情，這時該怎麼辦？你可以像鸚鵡學舌一樣，重複別人說過的話，這樣就足夠讓人著迷了。比如：

「我看了宮崎駿的《千與千尋（神隱少女）》。」

「《千與千尋》？」

「對呀，一個小女孩和她的爸爸媽媽闖進了幽靈世界，結果爸爸媽媽全都被變成了豬！」

「變成了豬?!」

「嗯！你能想得到嗎？後來……」

在交談過程中，似乎有顆球在不停地來回彈跳。先是你說，接著對方說，然後你再說……就這麼交替進行著。輪到你說話時，也許你頭腦裡會一片空白。

別急，你不必絞盡腦汁對付對方打來的「球」，而只要重複她（他）說的最後三四個字，像鸚鵡學舌一樣就足夠了。不過，你一定得說得有感情，像在問問題，讓對方覺得你很好奇，希望聽他繼續講下去。

6．不輕易講自己的小瑕疵

很多人認爲，如果和一個剛認識的人聊天，爲了讓對方覺得自己親切可人，應該跟他分享一些小祕密——談談自己的隱私事，或坦白過去的缺陷，比如小時候尿床、磨牙、吮大拇指，或現在的一些健康小問題，以便拉近雙方間的距離。其實，這要視情況而定，有時候的確可以。

研究顯示，如果某人的身分地位較高，他透露小小的弱點，可以讓人覺得他較有親和力。比如說，超級歌星想跟歌迷交朋友，可以透露自己當年抱著吉他擠火車的事。如果你在單位表現很好，可以透露自己在以前犯的一些低級錯誤。

但假如你不是上述類型的人，那最好採取保守策略，慢一點再把自己的缺陷展示出來。等你和新朋友的關係更深入以後再搬出你的「醜事」，好好地自嘲一番。那時，你的自嘲就可以成爲溫暖的親近感了。

說教、刻板、傲慢是聊天三大惡症。如果誰患了這三個症狀，哪怕只是其中一個，都有可能成爲聊天終結者，從此難以和別人的心聯結。

7．別心急，心急吃不了熱豆腐

有一個女孩對自己的老師說：「我不知道為什麼和你就能說心裡話，和媽媽就說不了。」其實問題的答案，在此之前她已經告訴老師了，她的媽媽聽她說不想去上學，心急火燎地問她：「你說你到底為什麼不想去上學啊？你說啊！」面對媽媽這麼急促的提問，女孩感到手足無措。她說：「本來想說什麼來著，可是又突然覺得不知從何說起，到最後，腦袋裡一片空白。」

其實每個人心底一些柔軟而細密的感受，是需要一個氛圍才能說出來的。越急越說不出口，這大概是——「心急吃不了熱豆腐」的另一種注腳吧！

有的家長常常抱怨孩子不和自己說心裡話，一般人們會說，這是缺乏溝通造成的。但是怎樣才能溝通？溝通以什麼形式為最好？兩個人正襟危坐，面容嚴肅地說：「讓我們說說心裡話吧！」這樣能溝通嗎？

說教的語氣和體態會給人與人的溝通製造障礙。當然，最根本的障礙還是說教的思想。有說教思想的人，常常會強行叫別人實現他的願望或想法，甚至於連溝通方式也不講，思路粗率，言語乏味。

聊天是溝通心靈的最好的形式之一。因為聊天沒有強烈的目的性，能夠營造輕鬆、閒適、愉悅的氛圍。在這種氛圍中，心靈是開放的，就像花朵在和煦的春風中開放，而在暴風驟雨中卻只能萎謝凋零一樣。

8．不做刻板的書呆子

兩耳不聞窗外事，一心只做好本職工作，這樣的工作精神誠然可貴。不過，如果因此而缺乏生活的趣味，也是一種損失。想一想，有多少同事願意在業餘時間總談論工作？如果你給同事們一個呆板的印象，那很可能不會有多少同事喜歡和你聊天了。

最好不要做一個只關心工作的人，要對大家關心的事有所了解，儘管有些你並不眞的關心。比如聽聽時事新聞，打聽超女的進展，到網上論壇裡看看熱帖，等等，都可以找到大家關心的事。畢竟你是生活在一個集體裡，畢竟我們的生活不能總是工作。聊天也許無益於業績，卻可以成爲放鬆情緒的體操。

現在，人們普遍看重工作業績，對與工作無關的事，尤其是對可能會對工作產生干擾的事，都盡力杜絕。很多職場人士都是這樣的態度。雖然沒有人願意成爲工作機器，卻無力抗拒，只有感到無奈。唯工作論，是一種機械化的思想。這種思想過分重視人的工作能力，卻忽視人的內心生活和情感表達。

人生若要出彩，光是有學識還不夠，還要多關心世事，懂得些生活常識，重視自己的鬱悶和眼淚。作家沈從文說：「我讀一本小書同時又讀一本大書。」他說的大書，也是指世事、常識和人情。而這些，怎樣去體驗和獲知呢？與人聊天不是唯一的方式，但肯定是比較重要的方式之一。

聊天，作爲一種日常的交談形式，能夠卸下套在身上的盔甲，讓人生活在一種自在的狀態當中。這大概是「聊天」給人帶來的樂趣和意義吧！

9．不做傲慢的井底之蛙

在和別人聊天時，假想你們之間有個巨型的旋轉式聚光燈。你講話的時候，聚光燈就照著你，朋友一開口，燈光就照著他。一般來說，聚光燈照你的時間越短，對方就會越覺得你有趣。這是爲什麼呢？

「每次我認識別人，問問他們的生活，總是能有所得，所以我總把聚光燈轉到別人身上。」眞正有自信的人，都是這種作風。有時候，「聽」比「說」更有風度。虛心聆聽別人，表達了自己的敬人之意，才能俘獲說話人的心。

傲慢的人總是以自我爲中心，和這樣的人聊天，你只會被他滔滔不絕的言辭遮蔽。

這時，聊天已成爲他一個人的表演，和聊天的眞正意義相去甚遠。

眞正的聊天，應該爲每個聊天參與者提供足夠的空間，讓每個人都受到尊重。傲慢的聊天者就像呱呱自鳴的井底之蛙，他們的表演只會讓聊天以光速終結了。

有人介紹新朋友給你。你們照例握一握手，四目交接……接下來，你學富五車的肚子忽然間變得空空如也，腦袋的運轉也「吱」的一聲緊急煞車。你拼命想擠出一點有趣的主題，塡補這令人尷尬的緘默沉寂。可是任你怎麼搜腸刮肚，仍然徒勞無功，於是新朋友就一溜煙地跑掉了。

我們都希望張口說的第一句話就讓人覺得字字璣珠，睿智又有內涵。我們也希望聽的人會馬上賞識我們的機智。然而，聊天的重點不在於詳敘事實或措辭，而在於它的音樂性和旋律。

聊天的目的是讓人放鬆，我們嘴裡發出的聲音要給人輕鬆的感覺，像小貓的「喵嗚」、孩子的「哼哦」，或者是聖歌一般。所以談天說地的首要之務，就是要配合對方的情緒。

下面列出搭訕的24個經典開場白，以供參考。

(1)與一位剛剛接觸的女性看過電影之後，你可以這樣說：「你眞像電影裡的某某啊！」這樣她會受寵若驚。

(2)在公共汽車裡，你看到一位漂亮的小姐，如果她手裡拿著一本雜誌，你不妨這樣說：「你也喜歡這本雜誌？它的確不錯，每期我都買。」

(3)在遊覽風景區的時候，如果有位女性和你坐的距離不遠，你想和她主動搭訕，就這樣開頭：「你是學生吧？我好像在××場合見過你。」（其實你沒有見過她）

(4)當你在去圖書館的路上正巧下起了大雨，恰好旁邊一位女生沒帶雨傘。這時你不妨這樣說：「一塊走吧，淋了雨會著涼的。」

(5)正在教室裡看書的時候，忽然發現對面坐著一位漂亮的女生。而你不和她一個班。這時你要耐心地看書，不可東張西望。等一會兒，你再發問：「你有字典嗎？我有個字不認識。」

(6)走在大街上，一個身材苗條的女孩迎面而來。時機一到，你大大方方地迎上去：「你的風衣眞漂亮，在哪買的？」其實，你是「醉翁之意不在酒」，誰都明白你不會穿女孩子的衣服。

(7)在週末的舞會上，你對你的舞伴說：「你的舞跳得眞好，下次我再請你跳好嗎？」事實上，這樣說過之後，緊接著下一曲，你就可以再次邀請她。

(8)你在照相館裡看到一位小姐非常合乎自己的審美標準，這時候你可以走過去對她說：「你穿這身衣服照相，照出來的效果一定很好。」（天知道好不好）

(9)對一位擁有別緻髮式的女孩說：「你這頭髮是專業設計師做的吧？我說的應該沒錯吧！」（事實上，你是個馬屁精。）

(10)對一個從不愛說話的女孩說：「你是我們這裡最文靜的女孩。」

(11)對一個總愛說話的女孩說：「你是我們這裡最活潑可愛的女孩。」（假如你喜歡她這種類型的女孩的話）

(12)對一個愛哭的女孩說：「像林黛玉一樣多愁善感，你肯定是一個善良溫柔的女孩。」（假如你真受得了愛哭的女人）

(13)對一個不愛哭的女孩說：「你一定非常堅強。我看你辦事非常有主見，從不像別的女孩那樣婆婆媽媽。」

(14)對一個不愛出門的女孩說：「我簡直不敢相信像你這麼漂亮的女孩，竟然沒有人約你。」（這有點激將計的味道）

(15)對一個愛乾淨的女孩說：「真是女人味十足。看，多講究！將來誰要了你，肯定把家料理得井然有序。」

⒃對一個會做菜的女性說：「誰和你交朋友，算誰有福氣。什麼都會，而且工作也這麼棒。」

⒄對一個不化妝的女孩說：「我從來不喜歡那些化妝化得很濃的女孩，你瞧那樣多俗氣！」

⒅對一個愛化妝的女孩就有必要改變方式：「會化妝就是不一樣，看來你的審美情趣挺不一般。你一定學過美容吧？」

⒆對一個留長髮的女性說：「《詩經》裡說：『出其東門，美女如雲』。還是傳統的長髮最有女人味、最美麗動人。」

⒇對一個留短髮的女孩可以說：「你看起來眞是清爽、有活力，一個職業女性的風采，盡在其中。」

(21)對一個唱歌唱得很好的女孩說：「聽你的歌，簡直就是一種享受。」

(22)對你傾心的漂亮姑娘旁邊的另一位女孩說：「我眞羨慕你，有那麼好的朋友整天陪著你。」

(23)在火車站裡遇到一個讓你怦然心動的女性，她手裡提著不少行李。你這時可以說：「讓我幫你拿吧，這是男人應該做的事。」

(24) 在游泳池裡見到一個漂亮的姑娘，你的發話要很自然：「常游泳的人總是曬得很黑，而你卻不然。」

有些話題是女人拒絕不了的，只要抓住那些絕妙的話題搭訕便會輕而易舉地成功。我們可以將搭訕的開場白定位爲「相親式」，第一次見面，就好比相親，成不成就看這一遭了，小心謹愼地把你的開場白說到位，對方一定樂意開口。

拉近距離就成功了一半

現在是網路時代，可是年輕人依然高談闊論著相親計畫，說起來實在有些好笑。但是仔細想想，我們的生活圈子，也不過就是那麼大而已。

對於相親，我們總是有這樣那樣的看法，其實相親無非是一場有正式約束的搭訕活動，只不過多了個見證人而已！那麼，相親的成敗在於什麼呢？

兩個陌生人之間都存在距離感，那麼距離感能產生多大的影響呢？我們剛剛認識的一個新朋友，從未見過面，兩個人的狀態是完全陌生的。對待陌生的人，你不可能與他交心，兩人之間的距離自然就成爲了一道鴻溝。

現在這個社會，媒介這個詞炒得很火，我們不妨引用一下。相親中的媒介無非有二：親友介紹和婚介搭橋。以下就從兩方面分別闡述於下。

1．親友介紹

不可否認，能夠爲你的婚姻大事發愁，並且不遺餘力地希望促成好事的親友，一定是你最親近、最值得你信任的人，所以不看僧面看佛面的想法和做法終究沒錯。

親友介紹本來就是拉近距離的一個方式，他們會向你介紹對方，同時向對方介紹你，通過這樣的介紹可以避免不必要的尷尬，自然就能拉近距離。不過，在親友介紹時，一定要記住以下幾個問題——

⑴ **尊重親友勝過尊重自己**。一定要把親友的面子放在第一位。一定要把相親當回事，切記：不看僧面看佛面。

⑵ **顧及自己面子就是顧及親友面子**。見到對方甚爲滿意不要喜形於色，對其甚爲不滿也不要寫在臉上，這樣才會給足親友面子。

(3)穿著得體。女孩一定要注意這點，即使知道條件優越，也不要太過暴露。

(4)切忌遲到。或許，你上班偶爾也會遲到。但相親這天千萬不能遲到，否則不但你會被認爲沒有時間觀念，而且親友也會很沒面子。

(5)講普通話。要是兩人都講地方話也就罷了，如果其中一人說普通話，那麼保持一致比較好，這不但證明你們的素質，更是證明介紹人的素質。

(6)不要抱著宰對方一刀的想法而選擇消費太高的地方。這一刀還是宰無關緊要的人比較好，如果將相親的對方宰得太狠，心中流血的恐怕不只是他，還有你的介紹人。

(7)將見面進行到底。即便對方有再多不是，而你有千萬個不滿，也不要拂袖而去，要給足介紹人面子，傷心的話留到明天再說。

(8)將親朋定為最佳話題。既然你們之間的媒介是親朋，那麼他就是你們永遠的話題，即便雙方一時語塞，也可以說：「某某這個人挺不錯的。」

(9)互相吹捧。看似吹捧對方，但有些話是說給介紹人聽的，你們的吹捧只是證明親朋並非亂點鴛鴦譜。

(10)見面切記女士優先。這是男孩應該遵守的重要規則，見面時間、地點的選擇就可初見端倪，否則不但女孩會認爲你沒有紳士風度，親朋也會認爲你實在有夠漏氣！

上述這幾條的作用是，對方會從細節觀察你的一舉一動，所以每一個細節都是必不可少的，不要讓自己不當的小做法，將兩個人的距離拉大。

2．婚介搭橋

婚姻仲介中心畢竟屬於服務機構，所以注意事項肯定不同於「親友介紹」。

(1) 交了錢你就是顧客，一定要把婚介當成服務機構。既然自己是消費者，那就沒有什麼不能說的，有何要求儘管提，一定要感受到顧客的利益高於一切。

(2) 杜絕自欺欺人，爲了提高成功率，一定要亮出自己的英雄本色。遮遮掩掩未嘗不可，但是就怕耽誤的不只是對方的時間，還有你自己的時間。

(3) 不要隱瞞感受，試一試的想法都很可怕。如果說親友介紹需要顧及親友面子，婚介搭橋就完全沒有必要了，感覺好或壞只有你自己最清楚，將來日子過得如何也只有你自己才能感受，削足適履的想法千萬使不得。

(4) 不要完全相信婚介，要相信自己的眼睛。人嘛，在形容自己的時候難免出現浮誇，所以當婚介向你推銷某人時，不要盲目憧憬，耳聽爲虛眼見爲實。

(5) 帶一兩個好友埋伏於見面地點。這樣做的好處有二：其一，請好友幫自己參謀參謀，俗話說「當局者迷」；其二，一旦出現任何緊急情況，好友也可以護駕。

⑹廣泛撒網。這一招並非讓你腳踏幾條船，只是第一次見面不要立刻同意，還是多見幾個，選個比較好一些的。

⑺看好自己的錢包，不要盲目埋單。這年頭什麼「托」都有，「婚托」就是新興職業之一，太過大方地盲目埋單很可能被婚托所騙。

⑻爲了和對方進一步發展，適當說些不違背原則的謊話。善意的謊言是必不可少的，相親當然也不例外。如果對方就是你的夢中情人，說一些不違背原則的善意謊言就無所謂了，不過也要看准對方是否能夠接受。如果不能，最好還是先打住，免得竹籃打水一場空。

⑼選擇交通便利、人口密集的地點見面。俗話說知人知面不知心，熟人況且如此，更何況一個陌生人。所以防人之心不可無，千萬不要選在對方家中見面，否則吃虧就後悔莫及了。

⑽親屬千萬別跟隨，不管你是否能看上對方，如果老媽在身邊突然說上一句特殺風景的話，丟臉的一定是你自己。

相親的成功與否，更大程度上是說明了一個人能不能成功拉攏對方。一個第一次見面的人，自然會覺得你的一切都是陌生的，有些人天生的交際夠好，三兩句就搞定了一個相親對象，而有的人，語言跟不上，甚至很懼怕相親。

對於第一印象沒有自信的人，首先要塑造個人風格，必須事先決定想給人留下親切的好印象，還是強烈深刻難忘的印象；然後每次與陌生人見面時，就能散發出你想要的感覺。只要記住表情、姿勢等黃金法則，應該就不會出醜了。至於服裝打扮方面，如果你是個表現欲強的人，就必須裝扮得很有個性美。

「初次溝通交談」就成功的四大祕訣如下——

(1)要回答別人的問題，而且要有回應。面對陌生人交談時，爲了鬆弛緊張的氣氛，必須努力製造親切的感覺。如果人家問你問題，不要簡單回答「是」或「不是」，也要試著回問對方，讓話題能夠繼續下去。

(2)放下陌生人情結。面對陌生人不要特意裝模作樣，不過也要表現出你的誠意。其實每個人與陌生人交談時內心都會不安，一定要自己先放下陌生人情結。

(3)解讀現場的氣氛與對方的心態。要避免談論會讓對方厭煩的話題，不要你一個人一直發表高見，也要多多傾聽對方說話。總之，一定要解讀好現場的氣氛，看準機會再發言。

(4) 絕對還有挽回的餘地。就算對方的反應不是很熱烈，也不必覺得沮喪。我們原來就不可能討每個人的歡心，不過一定還有挽回的機會。你的態度一定要樂觀，將對方的優點掛在嘴邊，而且記得說一句——「謝謝您今天的到來！」

在相親的過程中話術是關鍵，在相親實戰中，語言是除了外貌形象外最重要的東西，用語言拉近雙方距離，相親就等於成功了一半。

生活裡，對於任何一個人、一件事，語言都是堅固的橋樑，要讓自己變得有魅力，多學習一些拉近距離的話術吧！

不需要開場白的搭訕

看到這個題目，估計大家都會傻眼，怎麼不要開場白啊？搭訕一定要用嘴嗎？當然不！估計在你看完下面這篇一位搭訕高手發在網上的帖子後，就會有完全不同的看法。

老早就聽說眼神交流，但一直都抓不到重點。

直到我遇到一個叫河子的可愛日本女孩子，作爲我這堂「不需要開場白搭訕」的授業恩師，教會了我眼神交流中的第一種——眼神開場白。

那是某次上完學校的語言課，跟同班卻從沒說過話的日本美眉河子在電梯裡撞見了。

當我羞澀的目光第一次投向這個垂著直髮、看上去很安靜的女生的時候，女孩沒有躲閃而是很自然且禮貌地給了我一個靦腆的微笑。

當時我心裡不覺一顫。

其實這裡，我想講的故事只有一句話——「當我羞澀的目光第一次投向這個垂著直髮、看上去很安靜的女生的時候，女孩沒有躲閃，而是很自然且禮貌地給了我一個靦腆的微笑。」

這句話裡隱藏著幾個重要的資訊。

時機——當然是電梯裡的第一次對視。

如果，第一次對視，你躲開了，恭喜你，直接出局。原因很簡單，那樣顯得你目光閃爍，而目光閃爍意味著你行爲態度猥瑣。

「靦腆地微笑並輕輕點頭。」

「靦腆地微笑」的作用——略微的靦腆是製造一種氛圍。氣氛的名字叫欲迎還拒，誰靦腆誰知道。（注意別靦腆過頭，不然你就裝模做樣了。）

「微笑」是禮貌，是一種展示高價值的方式，同時也能製造舒適感。

「點頭」意味著，你可以開始跟她說話了。

河子同學做得很好，要點都把握到了。於是，有一種感覺開始了，之後我們正常地聊天、講話。

我對她的感覺是帶點靦腆的大方且懂禮貌，這一切歸功於一樣東西——眼神。

於是，我開始嘗試對其他女生用眼神流進行開場白！

某日，我跟我同學去參加他們班一個美女辦的聚會。毫不隱瞞地說，我就是衝著那個美女去的，很多男人都拜倒在了她的石榴裙下。

我和朋友晚20分鐘到場，聚會裡面不錯的中國美眉有五個。很不幸，我認識的有零個。於是我和我的朋友低調地站在一邊喝酒，只跟一些認識的男生朋友說「你好」。然後，冷眼旁觀那些男生是如何前仆後繼地衝上去跟場子裡的幾個漂亮美眉搭訕，然後迎來他們悲慘的結局的。

幾分鐘後，那個美眉終於過來跟我同學打招呼了。（說實話，我同學長得還行，可惜是個絕對的宅男，不是美眉的菜。）美眉過來跟我同學打招呼，他們說了四、五句話，但是美眉壓根沒有看我一眼。

我也不說話，只在旁邊聽，直到美眉終於把目光瞟向我的時候，我對她重複了河子小姐對我用過的靦腆微笑。我甚至能清楚地記得她目光的變化，那是由沒有電流到有電流的變化。

於是，她開始問我的名字，問我對她召集的這次聚會的意見，我們愉快地聊天，直到她離開，去招呼其他的客人。

後來，我對聚會中其他的三個漂亮美眉，實驗了基本同樣的眼神搭訕技巧，毫無意外地，美眉們紛紛回以禮貌性的微笑。

可以肯定地說，有了開場眼神之後，跟女生說話幾乎不可能被拒絕，因爲你已經展示了你的修養，現在輪到她上場了。緊接著，這位搭訕高手講了一下自己當天的戰果。

一個美眉在簡單的閒聊後要了我的電話。然後我離開她，去跟其他朋友打招呼。晚上我主動跟她發簡訊，閒聊了一會兒。第二天她打電話要了我的電子信箱，說我很可愛要給我介紹女朋友。

那個「聚會控」在跟她的四個姐妹跳完開場舞之後，主動拉我跟她跳舞，而不是找我那個跟她比較熟的朋友，而我也假裝半推半就地跳了。

整個過程中，我沒有主動跟任何一個女生說話，但我有主動搭訕她們，用的是「眼神＋微笑」！

看過上面的例子之後，我們補充一下「眼神交流」的限制。眼神交流適用於跟你有一定聯繫的女生。比如，不認識但很面熟的校友，聚會上在你旁邊喝酒的女生，自習室裡坐在你旁邊的女生，等等。

總之，除了「街搭」不行，其他情況基本都適用眼神的交流。

所以，那些開不了口的害羞男生們，別絞盡腦汁想開場白了，及時地在第一次目光接觸的時候，給美眉們一個靦腆的微笑，然後等她們跟你說話吧！

上述那位搭訕高手還在帖子上提到了，另外一件對他觸動滿大的事情，事情的經過是這樣的——

聚會完，我搭公車回家，上車後坐在車頭有兩排座位相對的位置聽音樂。車子開啊開……開啊開，不知道哪個站上來一群人，一位美眉上車後提著大包小包站在我旁邊。

當時我根本沒有在意，正聽音樂，也沒有理她。過了一會兒美眉的腳往我這邊靠，試圖把腳放到臺階上，可能她拿的東西比較多，有點累，那樣會讓她舒服一點。我腿也稍微往相反的方向靠了靠，以便她順利「登陸」……待她腳「著陸」後我繼續聽音樂。

過了一陣子，我的餘光瞄到了她的臉。第一印象，皮膚很好，給人很健康的感覺，而且是長頭髮，以我的眼光是中上的水準。

於是，在假裝不經意間，我又多瞄了她好幾眼，意識到她拿了很多東西。我心想美眉長得不錯，拿這麼多東西，我還是給她讓個座吧！

我起身說：「你坐這裡吧！」美眉看著我愣了一下沒有動，我再一比畫手勢，她也就順從地坐了過去，然後嘴巴動了動，估計是謝謝之類的，我戴耳機沒聽到。

然後，車一直開（中途很多次互相對瞄，但目光都沒有相交），快到我下車的公車站，美眉開始低著頭打電話。一開始我沒有理會，後來在好奇心驅使下悄悄取下一個耳機聽她在講什麼，聽出口音是四川的……

我暗下決心，等美眉掛掉電話就搭訕！我剛下完決心，美眉就掛掉了電話，頓時我緊張了，面對著一公車的人完成這次搭訕，我緊張，我眞的緊張，我內心開始有無數障礙……

就在我猶豫不決的時候，美眉又開始打電話，我知道我錯失了機會，而且馬上就要到站了，我急得不知道怎麼辦……這時，我急中生智，打算把搭訕的話寫在手機上，然後當她低頭的時候遞到她眼前……

即便這樣還是一如既往地掙扎，思想鬥爭相當激烈……在這個過程中車子已經開到我要下的站牌，我還是沒有遞給她看，但我很不甘心，堅決不能就這麼放棄！於是我決定……只能坐過站了，大不了等下再坐回來。

看著還在打電話的美眉，默念了1，2，3……於是我把寫有搭訕的話的手機遞到她眼前：「你好像也是四川的？似乎有什麼不開心？可以認識你嗎？」

美眉當然都有一點「笨」（或迷糊），沒有直接在我手機上輸入數字，而是摸索著挎包找到了筆和紙，寫好後確認了一下遞給了我。

剛好到站，我拿著紙條飛快地下了車，十分開心地走到馬路對面上了返程的公車。在車上，我一直很開心……

自然有些搭訕是用不著什麼開場白的，只要一個眼神或者一個微笑便能籠絡到一個人的心。眼神交流的注意事項如下——

⑴在眼神交流前最好先練練，不要盲目地去使用眼神攻勢，要知道，某些女孩可能會因此給你冠上一個輕佻的罪名。

⑵眼神溫順、保持風度是交流的基本法則。

⑶在眼神交流後，最好再發動語言攻勢，這會讓搭訕更加成功。

⑷搭訕一定要真誠。即便是沒有開場白，也不能讓別人覺得自己輕浮。

把握了這些要領，搭訕將進行得很容易，所以抓緊眼神交流吧！它將是你搭訕的另一個起點。

展示個人魅力的技巧

在說這個問題之前，想問一下你要知道魅力來源於什麼？

我們在衡量一個人的時候，首先要看這個人的外貌，其實外貌也是展現魅力的一種方式。對於魅力我們淺層次地可以理解爲吸引人的內涵，不要說魅力不重要，要知道，所有的邂逅都起步於魅力。

曾經有很多人辯論過搭訕這件事，反對的人總是說世界太複雜、壞人太多、小孩子太幼稚、危險性太大，甚至有人說搭訕的目的不純、動機不良。我們承認，這些觀點都是有道理的，但一個從來沒有被陌生人搭訕過的女孩，和一個經常被陌生人搭訕的女孩相比，誰對陌生人的判斷能力更強？誰在社會上更安全？

再進一步說，在事業上，「成功是才能加機遇」，這個道理誰都懂，也都明白才能來自於學習和實踐。而機遇是等來的嗎？還是天上掉下來的？都不是。機遇來自於人脈，而人脈要靠每個人自己去經營和開拓。其中重要的一點，就是要學會在各種場合下主動和陌生人說話，並且不感到彆扭和不自在。這是非常重要的。

從小範圍說，搭訕是兩性交往的第一步。從大範圍說，搭訕更是人生的一種開拓。

做老師的和做父母的，應該從小教會孩子如何去和陌生人交往，如何應對來自陌生人的搭訕，這其中的禮貌、分寸、界限、益處，和危險是些什麼，這當然不是一件相當簡單容易的事。

因爲一句——「不許和陌生人說話」的死板戒訓，會影響一個孩子一生的機會、前程和幸福！下面讓我們來細分一下魅力的來源——

1．有個好工作

女人只要容貌姣好，似乎就可終身有靠。男子則不然，一旦窮困潦倒，再大的魅力也無從體現。換言之，男子的魅力是如賺錢一樣辛辛苦苦掙來的。

有一份好工作的男人，更加容易得到女人的青睞，他們在展現自己的時候就可以先用工作來說話，例：「你好，我在××公司擔任經理職務！」、「你好！我是××公司的總經理！」有了這些稱謂，試問，哪個女人能不多看他一眼呢？

2．要有好風格

男人的服飾無需昂貴，但一些小小的裝飾，不誇張，看起來很隨性就可以了，這都能體現個人性格，引起他人的注意或好奇。

不過，凡事要適可而止，有時過分的風格會把人推到懸崖。第一次與人見面時，不用穿得特別高檔，畢竟你不是去打壓人家的。所以，你可以穿得隨便一些，又不失莊重。這樣你的魅力就會從自身的風格上體現出來。

3．有一技之長

日常生活中，多數男人都是重複著機械單調的生活程式：星期一、星期二……星期六、星期天……無法提供新話題。所以，你應該獨闢蹊徑，做點不同尋常的事。比如，你可以利用業餘時間打打羽毛球或籃球，沒事的情況下帶女友去展示一下自己，讓她看到你的另一面。

4．能帶給人刺激

也許你的公寓單調無性格，只有普普通通的家具。怎樣才能不用重新裝修而又增添其性格呢？其實只要增加些有特色的物品。

比如，門後放一副衝浪板，當然不會衝浪的話，你要先想一個藉口，要不你就放輛小摺好了。表露自己是個愛尋求刺激的人；放些國外雜誌和外幣可表明你曾去國外旅行。自己的小家有了自己的風格，女人將會對你刮目相看的。

5．心眼兒要好

積善的美德也能增加一個人的魅力。你無需一輩子從事慈善事業，也不必加入和平隊，開始只需從小事做起。如果你想保持這種狀態，再進一步為他人多做些好事。

另外，對方可能更希望了解你在別人眼裡是什麼樣的，因為女人天生都有一種探索精神。在探索中，女人會發現你的魅力。男人應該特別注意以下幾個方面——

1．別太不堪入目，不堪「入鼻」

男人可以不拘小節，但是，不喜歡洗頭、洗澡、換衣服，那就萬萬不行了！

很多男士喜歡女孩子擁有一頭美麗飄逸的秀髮，但是女孩子們對男士的要求很低，只要沒有頭皮屑，頭髮看上去乾淨清爽就ＯＫ了。如果你偶爾也可以清爽飄逸一下，那麼，女孩子們就謝天謝地了。

另外，女孩子最喜歡自己的男朋友剛洗完澡、身上香噴噴的時候，很招人愛。

還有，你要是不怎麼常換衣服，女孩子們是聞得到的，自己因爲熟悉而聞不出自己身上的氣味，並不代表別人不會感覺到。但是如果實在沒時間洗衣服，那就買一個衣物清新噴霧劑，臨出門前在衣服噴點，聞起來就是那種衣服剛洗過的味道。

口氣一定要清新。有位女士曾說，有一次她在一個電影院看電影，中途提前退場，原因是她身旁的一位男士口臭的味道令人無法忍受，那種痛苦的感覺讓其久久難忘。

男士們，你們要學會察言觀色，如果和你交談的女孩子將臉慢慢側過去，盡可能做不呼吸狀，或是你感覺到她慢慢和你拉遠距離，那麼這可能就是「口氣惹的禍」了。勤刷牙，用漱口水，用牙線，甚至可以刷牙的時候刷刷舌頭。口袋裡別忘了揣兩塊口香糖，以便享受完「蔥、薑、蒜」之後，仍然能夠高談闊論。

2．別不把小事當回事

女孩子的心是很細的，尤其在觀察男士方面。所以，男士在小事上下足工夫，是很容易贏得女孩子的芳心的。

一、先說餐桌禮儀中的一些基本常識

問自己幾個問題，你吃飯的時候，會不會張著嘴嚼東西，滿口帶飯地講話？吃到快意的時候，你的嘴巴會不會發出吧唧吧唧的聲音？在餐桌上有電話來了，你會不會在接電話時沒完沒了地講個不停，忽略了餐桌上的其他人？

如果對於以上的問題，你的回答是「有」，那麼你的餐桌禮儀很需要改進。改進的方法很簡單，如果又想講話又想吃飯，那麼每一口吃得少一點，吃的時候聽別人講，吃完了自己講。慢慢來，別跟自己較勁。

此外，有合心意的食品，無需通過製造「聲」勢，讓所有的人都知道。還是那句話，自己心滿意足就好了。講電話，儘量簡短。如果事情重要，那麼跟餐桌上的人說一聲抱歉，然後退到其他地方，或是去門外講電話。下次吃飯的時候多留心這些小細節，慢慢地好習慣就可以養成了。

二、成為紳士是培養一種習慣

魅力男士總是會走在女士前面，爲她開門；夜晚聚會散了，無論多晚、多遠、多累，魅力男士總是都會提出或是堅持要送女性朋友回家，因爲他們知道保護女士是男士義不容辭的責任。

此外，看見女孩子們在提一些很重的東西，魅力男士們一定會毫不猶豫地衝上前去，幫她們卸下她們肩上的擔子。不是說女孩子太嬌氣，幹不了重活，而是在幹力氣活方面，男士們確實有先天優勢。女孩子們相信，魅力男士絕不會看著女孩子們氣喘吁吁而無動於衷，在她們看來，惜力氣是很不「男人」的，讓人大失所望。

三、幫助陌生人，善待陌生人

上地鐵、公車、樓梯，如果看到某人（無論男性、女性）吃力地拉著行李，魅力男士一定會伸出援助之手，因爲他不花什麼力氣就在自己的銀行裡存了一筆，這個銀行就叫「高尚」。

魅力男士會以幫助他人而感到光榮，自覺自願地將幫助陌生人變成一種習慣，是一種「當然」。魅力男士絕不是勢利小人。他們一視同仁，不會因爲他人處境的不同而改變對人的態度。

在餐館裡，他不會對服務生呼來喝去。他會像對待客戶一樣來對待那些爲他服務的人，並對他們表示感謝。當我們對那些有所圖的人表示尊敬，那是合情合理，但是當我們能夠對那些無所圖的人持有同樣的態度，那便是高尚。魅力男士一定是有高尚人格的人，他對他人的關心、熱情不是作秀，無論有沒有觀眾，他都會始終如一。

總之，老天是很公平的，女孩子的心都是很細的，如果在不經意之中，女孩子發現了魅力男士這個優點，這絕對是勝過千言萬語的。作戲就免了，這很容易穿幫。所以，想做魅力男士，千萬不可心存僥倖，還是先從淨化心靈開始吧！

3．不要把陰晴圓缺全部表現在臉上

魅力男士的忍耐力驚人，無論來自外界的撞擊有多麼強烈，魅力男士的內心都會像一個緩衝器，將壓力、煩惱、不順心等接受下來，並使其減弱。儘管有時候魅力男士的內心會波瀾起伏，但是外表永遠鎮定、平靜。這才是男人，有魅力的男人。

男人自然會有自己的煩惱，但是帶著它，掛在臉上，有時還拿別人當作出氣筒，就是「小男孩」的表現了。有哪個女孩子會覺得一個隨時隨地需要照顧的小男孩，是個魅力男士呢？

4．自信的男士最有魅力

「自信」二字，太寬泛了，而且因爲具有「由內而外」的性質，使各位男士無所適從。這裡給大家一些具體的、可操作的建議。

一、兩個人初見面，握手很有學問

男士握手，特別需要注意，強調的是握手的力度。魅力男士會看著對方的眼睛，面帶微笑，主動伸出右手，握住對方的手，有力地抖兩下，然後迅速鬆開。整個過程乾淨、俐落、大方。千萬別小看握手，男人的自信程度，完全可以從這個小小的舉動中略見一二，軟綿綿的握手讓人感到你男子漢氣度的缺乏。

二、接電話乾淨、俐落

接電話時，應該很快地說上一句：「喂！你好！」絕不能猶猶豫豫，拖泥帶水。

三、看著對方的眼睛談話

這個話題已說過多次，許多人不敢正視談話對象的雙眼，這絕對是展示魅力、顯示自信的大忌！看著對方的眼睛，聆聽對方說話，眼睛還不能直愣愣的。目不轉睛也是錯的，因爲這會讓對方感到不適，以爲自己臉上有什麼髒東西。

正確的做法是，臉上略帶微笑地看著對方的雙眼（千萬不可看著五官的其他位置，或是胸部以下），時不時地點點頭，每隔一段時間將目光移開，略作沉思狀，再將目光回到對方身上，發表自己的看法。

相信每一個人身邊都有自己認爲很會交談的人，那麼就請大家多多觀察、多多模仿。有魅力的談話者，言談舉止都是有共性的。

四、背後稱讚其他同性朋友是自信的表現

千萬不要在別人背後說壞話，也許你說的是眞的，但是在外人看來，你不是「嫉賢妒能」，就是「搬弄是非」，無論哪一樣，都和魅力男士的形象背道而馳。

在背後談論別人，只能說好話。這是一個很明智的君子做法，是在女孩子們心目中樹立你崇高形象的做法。當面稱讚他人也是美德，但是不要做得過度，太多的讚揚會變成奉承或是虛僞，尤其對於比自己處境好的人，更不要給予過度的稱讚。要稱讚，就稱讚那些需要鼓勵、處境不如你的人。同樣的話語，在他們身上會發揮更大的作用。

說到稱讚女孩子，給各位男士一個小建議：在現實生活中，對於漂亮的女孩子，誇她聰明；對於聰明的女孩子，誇她漂亮；而對於既漂亮又聰明的女孩子，用讚賞的眼光看著就好了。這樣會讓你和其他男士略顯不同。

不要說對不夠漂亮的女孩子稱讚漂亮是虛僞。找不到優點，那是你缺乏一顆善於發現「美」的心。你的心態要擺正——「世界上沒有完人，也絕對沒有一無是處的人。」善於發現別人優點，也是魅力男士必備素質之一。

此外，如果你是個細心的人，可以發現某個女孩子更具體的優點，你可以對女孩子說：「你很有時尚意識啊，穿衣服很有品味」，或是說：「你說話邏輯性很強，很有條

理」，這樣對細節的讚美會給人留下更加深刻的印象。

五、坦然面對自己的出身、家庭及一些與生俱來的東西

不自信的人，會害怕人們因為對自己所處整體的偏見，而對自己先入為主地進行判斷，於是這些不自信的人會急於否定甚至掩蓋自己的過去及所屬的整體。自信的人則不同，他們會通過給別人留下的好印象去改變他人對自己的整體印象。

任何一個人都有自己的過去、家庭背景，它們是一個人不可分割的組成部分。否定自己的過去或家庭出身，就是否定自己。連自己都不喜歡的人，誰又會去喜歡他？

六、太敏感也是沒有自信的體現

大家開開心心地聊天，相互之間開開玩笑，增進友誼，可是就是有些人偏偏會認眞起來，從字裡行間挖掘深刻含意，覺得事事對己。開不得玩笑的男士絕對是沒有魅力的男士。如果在你身旁，女孩子處處說話要謹慎小心，以防隨時觸及你心中的「傷痛」，那麼你做男人，也是很失敗的。女孩子通常喜歡和幽默的男生在一起。如果你自認為不是一個幽默的人，那麼起碼做一個可以讓別人開得起玩笑的人。

魅力男士心胸寬廣，不會為一些不經意的玩笑而老羞成怒或是鬱鬱寡歡。他們反而會樂在其中，因為他們為自己能給別人帶去快樂而驕傲。有的時候，他們還會開自己的

尷尬的玩笑，讓大家嘲笑一番。這樣的男士是討女孩子喜歡的。「男子漢大丈夫，不跟小女子一般見識」是所有魅力男士隨時自我解嘲的心態。

5．魅力男士絕對不會自吹自擂

他們成熟、穩重，不會像毛頭小夥一樣，一有點成績就恨不得讓全世界知道。初相識，魅力男士不會迫不及待地將自己的輝煌經歷一一列數。他們會讓別人慢慢了解他的優點，時不時給人一些驚喜。請謹記這條原則——不要告訴別人你有多棒，而應讓別人自己去發現——當然面試時除外。

6．不要只幫自己的女朋友，或是心儀的對象

魅力男士和女孩子在一起的時候，有很強烈的「男人」意識。他不會因爲對方不是自己的女友，或因對對方沒有興趣而表現出不熱情，吝嗇自己的幫助或是關心。

這樣的魅力男士對所有的女孩子都很好，而且分寸拿捏適度，不會給人花花公子的印象。魅力男士和花花公子的一條明顯界限就是魅力男士無所圖吧！他們把幫助女孩子作爲自己義不容辭的責任，而不會有所選擇地去對待某些女孩子。

給各位男士提個醒，幫助那些不太受關注的女孩子，更容易給你的個人形象加分！因爲那些通常不受關注的女孩子，會對你心存感激，爲你說盡好話，而你細心周到的關心也會被她們看在眼裡，記在心上。總之，你會在女孩子中間有很好的口碑。

你會問，如果我有女朋友或者老婆，她們難道不會吃醋嗎？除非你只是對某一個女孩子特別好，否則我想不出她們會吃醋的道理。相反，她們會爲自己擁有這樣的另一半而感到自豪。

這裡給那些仍在尋覓知己的男士再提個醒。如果你被你心儀的對象拒絕了，不要再繼續追問下去。如果別人不願告訴你，那是怕傷害你。此時的你一定懊惱極了，但是切記不可——「吃不著葡萄說葡萄酸」。這種很沒有風度的做法會讓女孩子們對你望而卻步，不願與你近距離接觸。

正確的做法是高姿態地表示理解，發自內心地願意做對方的朋友。很多女性朋友都認爲，如果她們的追求者能夠很大方地接受失敗，以一種「不自卑，不怨恨」的心態和她們做朋友，她們或許會對他們刮目相看，心生敬意。遺憾的是，生活中這種能「拿得起，放得下」的男士太少了。

一位男士曾在自己的部落格寫下了下面這樣一件事——

半個月前的某一天，我從公司下班回家，剛下電梯走到門口，就看到兩條修長白皙的腿從我眼前飄過，我再抬頭定睛一看，一個身高約一七〇的美眉穿著粉紅色的短裙、性感的高跟鞋、格子襯衫，還留一頭烏黑的長髮。

我頓時就激動了，在3秒鐘之內衝到她前面然後45°回眸一笑：「你好！」沒想到，這個美眉的臉蛋竟是如此的精緻，一雙忽閃忽閃的眼睛，一下子把我迷住了。

美眉看了我一眼。我頓了一下說道：「我剛才在等朋友的時候看見你從我身邊走過去，我想認識你。」美眉很吃驚地問：「不會吧？爲什麼你想認識我？」我說：「我覺得這周圍的人都想認識你，只不過我臉皮比較厚一點，所以就直接衝上來了。」美眉聽了噗哧一聲笑了出來。我接著說：「把你的電話給我吧！」美眉說：「啊？不用了吧。」

我說：「爲什麼不呢？我想其實你不會拒絕擴大社交圈子，只是這種方式讓你不習慣罷了。有一種理論叫『六度空間理論』，世界上任何兩個人都是認識的，只是中間隔著最多六個人的距離，我們可以彼此先認識，再去找我們共同認識的那六個人嘛！」

一番東拉西扯之後，美眉終於把電話給我了。接著，我給美眉發了那條流行的簡訊——「我喜歡這樣有驚喜的生活，很高興認識你。」

後來因爲工作太忙，漸漸忘了這件事情，沒給她電話也沒約她出來玩，沒想到半個月以後，美眉突然在簡訊上主動跟我聊起來。這明顯是對我搭訕的肯定。

男人的魅力，是一種返璞歸眞的眞誠，是一種曾經滄海的寬容，是一種厚積薄發的人生積澱，是一種和睦良善的處世方式，是一種健康爽朗的卓然不群。這裡有三種不同類型的魅力的男人。看看你屬於哪一種？

英雄型男人的魅力在於，無所畏懼，敢做敢當，以天下爲己任，建功立業，是樹中之蒼松。想做英雄，就要義無反顧，百折不饒，絕不氣餒，直至成功。

瀟灑型男人的魅力在於，無所羈絆，特立獨行，縱情山水，澹泊名利，是樹中之秀竹。要瀟灑，就形如清風，捕風逐月，浪跡天涯，四海高歌。

沉默且目光專注的男人，一定有著豐富的內心世界。這樣的魅力男人，有一種讓人不易發覺的淡定與從容，身上有一種致命的磁場引力。這種男人自然而透明，女人會在一種難言的狀態中讓自己的心隨他而顫動，並且回味無窮。

因此，男人要把握好自己，盡情展示自己的魅力，不要讓自己的魅力每一個搭訕「良機」。

打開對方的心扉，營造共同的目標

男子選擇的搭訕語，可以迅速幫助他們挑選出特定個性的女性。在類似於相親會的場合中，男性總是希望把自己描繪成不怎麼強勢、不怎麼有城府的類型。

事實上，在初期的相互接觸中，在男性準備發出想親近的信號到相互達到親密接觸的程度這個階段裡，女性總是處於控制地位。而大部分男性總是在某一方面顯示出他們無能的一面——搭訕語的選擇，於是給搭訕這場追逐賽一個十分狼狽的開始。

人的心理十分微妙，即使同樣的一句話，也會因對方的情緒變化而得到不同的理解。讀懂對方的內心才能控制其情緒的變化。沉默的人就是一扇關閉的門，如果你在交往中稍有不慎，那麼對方永遠不會向你打開心扉。

怎樣才能使「沉默寡言」的人敞開胸懷呢？你應該先進入對方的內心世界，引發其產生心理動搖。如果這時你對她（他）的「入侵」超過了一定程度，一般人都會產生心理動搖的。

你還可以使對方感覺到你十分同情她（他）的處境。如果對方因爲遭遇挫折而不言不語或顧左右而言他，你不妨表示同情。比如，你可以說：「如果我處在同樣的環境，遇到同樣的事情，肯定也會失敗。」這樣對方會擔心自己繼續保持沉默會被你誤解，從而與你展開交談。

「可以和你約會嗎？」

「不，今天我很忙。」

「一起喝杯茶如何？」

「我眞的沒空。」

「什麼時候有空？」

「不知道。」

對於這樣的邀約方式，讓對方的腦中有出現「不」的機會，也就是讓對方的思緒進入了如何拒絕的模式。因此，封鎖最初「不」的反應非常重要。

怎樣才能封鎖「不」呢？很簡單，就是使用無法回答「不」的說法就行了，比如：

「我們去吃飯、還是去喝茶？」

「可是我沒空。」

「那麼就去喝茶吧，喝茶不會耽誤你很長時間。」

「嗯，那麼就喝杯茶吧！」

對「可以跟你約會嗎」這句話可以說「不」，但是對「我們去吃飯、還是去喝茶」這句話回答「不」，在文法上顯然是錯誤的。對方的思路也會停留在選擇吃飯還是喝茶上，而不是怎麼拒絕你。

被詢問「哪一種好」卻回答「不」，有點答非所問。因此對方的頭腦裡不會出現「不」的念頭，態度就會稍微鬆懈下來，容易有一種——「喔，只喝杯茶還可以，大概20分鐘就可以回來了」的想法。

空談道理是沒有效果的。大多數人會以「就是不喜歡」或「沒什麼理由，就是不相信」爲由來拒絕對方的勸說。這時首先應當考慮如何喚起其行爲動機。雖然人的思維方式會隨著時代而改變，但情感、需求、本能等本質的東西是不容易改變的，即便是年輕人也會接受行爲動機的引導。

對於兩個人的第一次見面，當然越合拍的人越容易有後續動作。兩個人能夠合拍當然還是需要心靈交流了，心靈的交流是一切搭訕的最終步驟，同樣也是初始步驟。

想讓一個人打開心扉，首要做的是知道對方忌諱什麼。有這樣一位男士，做事情心不細，注重表面現象。

有一次，某男士去相親。這是一個親戚爲他安排的，女孩人不錯。見面那天，原本媒人要先向他介紹那女孩的，不過他愣是說沒必要。

兩個人見面後，男士表現得很自然，而且各個部分都做得不錯，沒想到一開口問題就來了。男士對女孩笑笑，開始了自己的開場白——「美女很有氣質，您的父母肯定也很有氣質。」

女孩尷尬地笑笑，然後推說自己要去洗手間。那媒人一直在旁邊用手臂撞男士，他就笑笑沒說什麼。

女孩剛出門媒人就對他說，女孩的父母三年前出了車禍，父母雙亡，這件事對女孩的影響很大，所以是最忌諱的一件事。

男士鬱悶得都想打自己幾個耳光。這件事致使女孩沒有辦法對他敞開心扉，沒過多久這段姻緣就不了了之了。

外向型女子最喜歡「領導者」類型的男子；神經質女子最喜歡「好男人」類型的男子；精神質女子則完全否定「好男人」，偏向「壞男人」類型的男子。

這就意味著男子所選擇的不同類型的搭訕語，的確對做出回應的女子有一定的影響。通過女子對特定搭訕語的回應，男子可以有效地快速判斷出女子的個性特徵。對於那些渴望尋找「壞男人」的女人來說，該用挑釁的或者恭維的搭訕語；相反，對於那些等待外向型女子的男士來說，應該多開幾個玩笑。

不久前，阿強進行了一次傳奇性的搭訕。他去洗衣店取衣服，沒想到價值幾千塊的衣服卻不見了，那家老闆找來找去也沒有找到。

正在這時，一個女孩也氣沖沖地進了這家店，原來，女孩的衣服上被洗出了一條染色痕跡。阿強看那女孩不但貌美而且清秀，於是便主動上前搭話道：「小姐，你的衣服是染色了吧？」

女孩遲疑地點了下頭。

阿強接過來看了一下說：「哦！沒關係，你可以拿到××店裡去洗，那有專門的除這樣痕跡的機器。」

女孩眼裡流露出一絲光亮，看得阿強這個激動啊！

女孩問阿強：「請問那家店怎麼走呢？」

阿強故做鎮定地看了看錶說：「等一下我順路帶你去吧！」

女孩有些不好意思地點了點頭。

過了不到半分鐘女孩就問：「你來取衣服？」

阿強無奈地點頭說：「嗯，還沒有找到，估計是不見了。」

女孩流露出同情的目光說：「以後不要來這家了，很不負責任！」

阿強給了她一個溫柔的微笑，兩個人算是打開了心扉，接著一同去了另一家洗衣店，一路上有說有笑，分開的時候互留了聯繫方式。

後來，那女孩順利地成爲了阿強的女朋友。

很多狀況都表明，兩個人能否建立關係，在於兩個人有沒有共同的語言，以及能不能交心。兩個能夠彼此打開心扉的人，自然是最適合成爲伴侶的。

那麼，怎麼做才能讓對方打開心扉呢？

(1)注意說話方式，最好是能找到敞開心扉的切入點，然後逐漸擴大。

(2)不要在搭訕的時候離對方很遠，身體的距離代表心的距離，所以儘量離對方近一點，會讓對方有一種親切感。

(3)對人要事先了解一下，不然會惹上不必要的麻煩。

(4)不要總是拿自己說話，要將兩個人結合在一起，然後找到共同之處。

(5)行爲上要體貼，讓對方知道你在關心她（他）。

(6)尋找共同的愛好是打開對方心扉最好的切入點。

一個共同的目標能夠使兩個人的關係產生變化，所以營造共同的目標是兩個人能否並進的重要關鍵。

不露痕跡地要到聯絡方式

一般而言，我們的社會中，人們對搭訕還是比較戒備的。分析主要原因是推銷和詐騙的太多了，所以在增強安全感這一方面還要多加注意。新手最好自然開場，再加強一下安全感，不要嚇跑了美眉。只要開頭順利，之後要到聯繫方式應該不難。

可是怎樣要到對方的聯絡方式呢？當然要有技巧，你要是一上來就直接說：「把你的電話號碼給我！」人家不報警抓你才怪！

如果搭訕你要號的時候，美眉說：「我們又不熟！」你可以說：「不給個煮的機會，永遠也熟不了！」還可以加一句——「不會是怕我在電話那頭咬你吧！」

這幾天阿光閑著沒事，去家附近的滑冰場溜了一圈，發現目標，用3秒鐘法則，直接上前搭訕：「咦，又遇到你了。我們還眞是有緣啊！我每次來都看見你。」（其實是第一次遇到）

美眉反問道：「我認識你嗎？」

阿光：「你不認識我，我認識你就行了。反正每次來都看見你，可能是我長得比較大眾化，不太引人注意吧！你長得比較引人注意，而且看起來不像壞人。」

美眉笑道：「是嗎？昨天是不是你打電話給我的？」

阿光納悶道：「沒有呀，我哪會有你的手機號啊！」

美眉：「是嗎？聲音聽起來和你很像嘛？」

阿光笑了笑，然後直接去換滑冰鞋。

阿光鞋換好後直接上去拉美眉：「來，我帶你滑。」（沒有問她同不同意，直接拉著她的手就滑。）

美眉也沒不同意，而且好像還滿情願的。

他們一起滑的時候，阿光用了幾個搞笑的慣例……

美眉說：「你是不是滿會逗女孩子的？」

阿光：「其實我是很老實的。」

美眉：「看不出來。」

這期間建立了舒適感……現在就要上前要號了。

阿光：「剛才滑的時候手機不小心摔了一下，好像壞了，不知道還能不能打。你打一下試試看！」（前提是已建立舒適感）

美眉掏出手機，阿光告訴美眉號碼（美眉是比較傻傻可愛的那種），美眉直接打過來，他的電話響了！

美眉一看情形，心知中計了：「你牛，用這種方式要我手機號碼！」

阿光奸笑道：「怎麼稱呼？」

美眉：「我叫小安。你手機號碼我要存不？」

阿光：「你說呢？你要知道你現在又多了一個帥哥男朋友！」

美眉：「什麼男朋友？」

阿光：「笨！是男性朋友！」

滑了一會，阿光招呼一聲走了，後來他們還一起看電影、吃飯……

不得不說，上述搭訕案例中索要聯繫方式的辦法，是比較經典的，可是它相比「直接法」好很多，首先完全不會有直接要，然後被拒絕的尷尬場景。

所以，學著精明一點，要聯繫方式的時候多下點苦功，把所謂的直接變成間接。下面通過三個小場景，全面總結一下要聯絡方式的經典小話術。

（一）

男士：「你好，我手機不見了，你能打一下我號碼嗎？」

美眉：「哦！好的！」

男士：「××××××」

美眉：「嗯！」

（二）

男士：「你好，認識你一下可以嗎？」

美眉：「爲什麼？」

男士：「因爲你比較有氣質！」

美眉：「還是不要了！」

男士：「我不是壞人！」

美眉：「我沒說你是壞人啊！」

男士：「你要是不信，我把電話號碼留給你！你手機借我一下！」

美眉：「……」被搶過手機。

男士撥通自己的號碼，然後將美眉手機還給她，順便說一句：「記得記下了哦！那個是我的！」

（三）

美眉不小心撞到了男士身上，可樂灑了男士一身。

男士微笑。

美眉有些不知所措，趕忙說了聲：「對不起哦！」

男士問美眉的手機號碼，美眉小聲地報出。

男士依然微笑著說：「弄髒了我的衣服，罰你陪我聊聊天！而且不許不回我簡訊哦！」

美眉：「……」

第3章

如何讓陌生人喜歡被你搭訕

把握對方心理是成功的王道

言辭能透露出一個人的品格，表情能展示一個人的內心，衣著、坐姿、手勢也會在毫無知覺之中出賣它們的主人。它們都能不由自主地透露出很多眞相，告知我們對方的身分地位、性格品質、思想情緒等。因此，在與人搭訕時，只要我們善察弦外之音，就不難探知對方內心的眞實想法。探知對方眞實心理的方法主要有以下幾個——

1．由話題得知對方心理

在談論一個話題時，人們常常會把情緒不自覺地呈現出來。話題的類型是形形色色的，如果你想明白對方的性格、氣質、想法，最簡單的步驟，就是了解話題與對方的相關狀況，從這裡就能獲得很多的資訊。

與中年婦女交談時，她們的話題大多是她們自己，因爲她們覺得自己才是最値得關心的對象；有時她們也談論丈夫或孩子，但往往談論他們也等於在談論她們自己。對於這樣的女性，你要以一個傾聽者的形象出現，承認她們是賢慧的妻子、偉大的母親。

年輕小夥子最愛談論的話題是車子，他們談論的話題很多都與車子的品牌、行程距離、速度等有關。其實，他們那麼熱中於車子的話題，無非在表示自己將來有能力購車，或者是自己對這些懂得很多。因此，當他們談起「車子」這個話題時，你要聚精會神地聽，最好不要有討厭或不耐煩的表情，你的耐心就可以滿足他們的虛榮心。

2．措辭習慣流露出的「祕密」

人的種種曲折的深層心理會不自覺地反映在措辭上，通過分析一個人的措辭，常常可以大體上看出其眞實形象。

例如，使用第一人稱「我」的人，獨立心和自主性強；常用複數「我們」的人多見於缺乏個性、埋沒於集體中、隨聲附和型的人。

又如，說話時常使用讓人難懂的詞和夾雜外語的人，多是將詞語作爲掩飾自己內心弱點的盾牌；擇業時有必要充分顯示自己的才能，但若過分矯飾，反而畫蛇添足，甚至讓人如墜雲霧。實際上，這常常不過是將言辭作爲盾牌，掩飾自己的自卑感。《圍城》中的張先生在方鴻漸面前大肆賣弄自己的洋文，以顯示自己博學，實際上只是在掩飾其知識的貧乏。

3．說話方式能反映真實想法

一個人的情感或心中的想法，常會表現在說話方式上，只要對此細加揣摩，就不難聽出弦外之音。

一、說話快慢是看破深層心理的重要關鍵

如果對他人不滿甚至懷有敵意，一個人的說話速度常會變得遲緩；而當有愧於心或者說謊時，其說話速度自然就會快起來。

假設有個男人每天下班都按時回家，而這一天他下班後留在辦公室與同事打撲克，回到家時卻跟老婆說他加班，並解釋爲何今天工作這麼忙，那麼他說話的語調就極有可能比平常快，以掩飾他內心潛在的不安。

遇到男人這樣時，做老婆的一定要慎重，什麼事一旦有了開頭，就會有下次，不可掉以輕心。

二、從音調的抑揚頓挫中看破對方心理

上述的那位「加班」男人，當他回到家時，他說話的語調或許不僅快，而且慷慨激昂，極力表現出今天的「加班」讓他很反感——他是很不願意「加班」的。

當兩個人意見相左時，一個人提高說話的音調，即表示他想壓倒對方。

心懷某種企圖的人，說話時一定會有意地抑揚頓挫，製造一種與眾不同的感覺，有一種吸引別人注意力的欲望，自我顯示欲隱隱約約地透露出來了。

三、由聽話方式看破對方心理

談話過程中，聽話者可以根據說話者發言後的各種反應，來破解其深層的心理。

如果一個人很認眞地聽，他大致會正襟危坐，眼睛一直盯著對方。反之，他的視線必然會散亂，身體也可能傾斜或亂動，這是他對談話沒有興趣的表現。

有些人仔細傾聽對方的每一句話，等到講述者快說完時，他也會吐露自己的心聲。這位傾聽者完全依靠堅強的耐心，再配合一股好奇心，才能最終破獲講話者的祕密。

如果想從某人口中套到某方面的消息，可以從一個平常的話題切入，然後認眞傾聽、提問、傾聽……對方會在被認眞傾聽的愉悅中放鬆戒備心理，這樣你就能一步步地達到目的。

4．臉上的表情，天上的雲彩

觀察人的臉色，獲悉對方的情緒，與通過看雲彩的變化，來推斷陰晴雨雪乃是同一個道理。

人類的心理活動非常微妙，但這種微妙常會從表情裡流露出來。倘若遇到高興的事情，臉頰的肌肉會鬆弛；一旦遇到悲哀的狀況，自然就會淚流滿面。不過，有些人會刻意隱藏這些內心活動，因此單從表面上看的話，就會判斷失誤。

比如，在洽談會上，對方笑嘻嘻的，完全一副滿意的表情：「我明白了，你說得很有道理，這次我一定考慮考慮。」這會使人很安心地覺得交涉成功了，但最後的結果卻極有可能以失敗告終。

所以說，我們絕不能只簡單地從表情上判斷出對方的眞實情感。在通過表情突破對方心理時，要注意以下兩個方面——

一、沒表情不等於沒感情

在生活中，有些人不管別人說了什麼，做了什麼，他都是一副無表情的面孔。其實，沒表情不等於沒感情。內心的活動，倘若不呈現在臉部的筋肉上，那就顯得很不自然。越是沒有表情的時候，越可能感情更爲衝動。

例如，一位女士在一位男士和她搭訕時，很茫然地朝別處看，表現出無所謂的模樣。這就是一種根本不看在眼內的表情。不過，這也可能代表一種善意，如女性在異性和自己搭訕時，倘若太露骨地表現自己的善意，反而不妥，不如顯出漠不關心的表情。

二、憤怒、悲哀或憎恨至極點時也會微笑

縱然滿懷敵意，表面上卻要裝出談笑風生，行動也落落大方。人們之所以這樣做，是覺得如果將自己內心的欲望或想法毫無保留地表現出來，無異於違反社會規則，成爲大眾指責的對象，難免受到社會的制裁，甚至會眾叛親離，因此不得已而爲之。

由此可見，觀色常會產生誤差。滿天烏雲不見得就會下雨，笑著的人未必就是高興。很多時候，人們把苦水往肚裡咽著，臉上卻是一副甜甜的樣子。反之，臉拉沉下來時，說不定心裡還在笑呢！

5．透過眼睛辨人心

希臘神話裡有這樣一個故事：若被怪物三姐妹中的美杜莎看上一眼，立刻就會變成石頭。說白了，這是將眼睛的威力神化了。

從醫學上看，眼睛在人的五種感覺器官中是最敏銳的，被稱「五官之王」。孟子云：「存之人者，莫良於眸子，眸不能掩其惡。胸中正，則眸子降；胸中不正，則眸子眩。」「眼睛是心靈之窗」，從眼睛裡流露出內心眞實想法是理所當然的。

深層心理中的欲望和感情，也會反映在視線上。視線的移動、方向、集中程度等都表達不同的心理狀態，觀察對方視線的變化，有助於把握其心理。爬上窗臺就不難看清屋中的情形，讀懂人的視線便可知曉人們內心的狀況。

能夠最顯著地透露出人的性情的，不是語言，不是動作，也不是態度，而是眼睛。言語、動作、態度都可以用假裝來掩蓋，而眼睛是無法假裝的。看眼睛，重在眼神。

對方眼神沉靜，表示他比較自信，彷彿對任何事情都成竹在胸。跟這種人搭訕，對方常會禮貌對待，搭訕者一般不會碰釘子。

對方眼神散亂，表明他對自己缺乏信心，對人多有戒備心理。跟這種人搭訕，對方常會躲躲閃閃，甚至拒人於千里之外。

對方眼神橫射，彷彿有刺，表明他異常冷淡，如在此時上前搭訕，很容易被冷落。退而研究他態度冷淡的原因，再去有針對性地去搭訕，才是最好的方式。

對方眼神陰沉，是兇狠的信號。跟這種人搭訕，須得小心一點。如果你不是搭訕高手，那麼最好從速鳴金收兵。

對方眼波流動，表白其多有計謀。對於這種人，應做好充分準備再去與其搭訕，否則一著不慎，滿盤皆輸。

對方眼神呆滯，表明他此刻心不在焉。對方眼神似在發火，表明此刻他正怒火中燒。如果在這兩種時刻去跟他們搭訕，難免會碰釘子。

對方眼神恬靜，面有笑意，表明他正對某事非常滿意。此時是與其搭訕的絕好時機，可以與其分享快樂的事情，很快建立起較爲親密的關係。

另外，在與對方搭訕的過程中，也要時刻關注對方的眼神，以便及時洞悉對方心理上的變化，採取相應的對策，保證搭訕的順利進行，直至成功。

對方眼神四射，神不守舍，表明他對談話已經感到厭倦，再說下去必無效果，此時你不如乘機告退，或尋找新話題，談談他所願意聆聽的事。

對方眼神凝定，表明他對你的話有些興趣。此時，你應該照預定的計畫，婉轉陳說，只要你的見解不差、辦法可行，他必然也是樂於接受的。

對方眼神下垂，頭向下傾，表明他心有重憂，萬分苦痛。此時上前搭訕，你只須說些安慰的話即可，多說也是無趣。

對方眼神上揚，表明他不屑聽你的話。無論你的理由如何充分，你的說法如何巧妙，還是不會有滿意的結果，此時不如適可而止，另求接近之道。

總之，眼神有散有聚，有動有靜，有流有凝；有陰沉，有呆滯，有下垂，有上揚。仔細參悟之後，必可從中發現對方內心的祕密，從而更有針對性地去搭訕。

6．用坐姿畫一張人心地圖

在生活中，坐什麼座位，怎麼坐，都能反映出人的深層心理。首先，坐什麼位置，直接反映出社會上傳統的上席、下席或優勢、劣勢的意識。其次，所有人都會在自己身體周圍保持專用的心理空間，如果被侵犯就會不悅並產生不安。由此，對一個人坐的位置、坐姿進行標記、分析，就可以畫出一張人心的「地形圖」。下面讓我們具體看看。

一、座位的方向意味深長

面對面坐著，很容易產生視線衝突，產生一種對峙的感覺。而並肩坐，彼此朝著同一個方向，注視相同的對象，很容易產生親密感。如果兩名異性隔著桌子相對而談，這說明他們彼此間親密度還不夠。反之，並肩而坐的異性，一般會比面對面而坐的男女更顯親密。所以，可以通過他人坐的方向來推測別人的心理活動和與之相關的資訊。這樣若想採取什麼搭訕行動的話，就有了對策。看到一對男女相擁而坐，就別再有非分念頭了，只有祝福他們有情人早成眷屬。若是看到一對男女相對而坐，則可以找機會去搭訕心儀的他（她）。

二、以淺坐與深坐的坐姿來識破對方的心理

淺坐在椅子上，一般有兩種情形，一種是為了方便立刻起身，另一種則是因為精神緊張。而人一旦鬆懈下來，就會深坐在椅子上，同時很優閒地伸出腳，表示無意於立刻站起來。一般來說，深坐者自信，希望自己居高臨下。淺坐者略帶些神經質，坐在座位上常感不安，顯得屈居劣勢，無意識中會表現出服從對方的心理。但在淺坐者面前，卻不可顯得太強大、太傲慢，否則他們內心會反抗。相反，若友好對待他們，則很容易成功地與其搭訕。

三、人的坐姿可表現出來深層心理現象

有些人一坐下來就會蹺起二郎腿，據說這種人深沉、不服輸。不過，這是男人的情況，女性則稍有不同。女人大膽地蹺起雙腿，表現她對自己的容貌或衣著服飾相當自信。這種女人自尊心很強，熱衷於做老闆，她可以很輕鬆地跟男人來往，但不會輕易傾心於某個男人。

7．從穿戴看透人的內心

人本來是赤裸裸地來到這世上的，爲了遮掩身體，也爲了隱藏自己的廬山眞面目，才注重穿戴。但人卻不會想到，穿上自己喜愛的衣服，反而會將自己毫無掩飾地暴露出來了。

一、衣著華麗者自我顯示欲強，愛出風頭

在大庭廣眾之中，我們可以發現某些人總是穿著引人注目的華美服飾，這種人大多具有強烈的自我顯示欲。同時，這種人對於金錢的欲望特別迫切。所以，當你看到身著華服的人時，就應該主動迎合他們的這種心理。多誇獎他們的服飾，滿足其膨脹的顯示欲，這種人也就不會輕易與你爲敵了。

二、衣著樸素者缺乏自信，喜歡爭吵

有一種人穿著樸素，不愛穿華美的衣服。這種人大多缺乏主體性格，對自己缺乏信心，希望對別人施予威嚴，想彌補自己自卑的感覺。遇到這種人，千萬別與他們爭執不休，因爲越是自卑的人，越想掩飾自己的自卑，越會與人喋喋不休地爭吵，以期保存剩下的一點點面子。這時候，你可以大大方方地認同其觀點，讓其感到你的寬容大度，會收到意想不到的效果。

三、喜歡時髦服裝者有孤獨感，情緒經常波動

有一種人完全不理會自己的嗜好，甚至不知道自己眞正喜歡什麼，他們只以流行爲嗜好，向流行看齊。這種人在心底裡常有一種孤獨感，情緒也經常不安。

四、不理時尚者常以自我為中心，標新立異

有一種人對於流行的狀況毫不關心。這種人的個性十分強硬。但也有一些人是不敢面對外面的花花世界，所以一味地把自己關在小黑屋裡。這種人認爲，如果跟別人同調，豈不是等於失去了自我？因而他們常常以自我爲中心，經常弄得大家索然無味。

五、突變服裝嗜好的人想改變生活方式，也有逃避現實的成分

某公司職員小張，一直穿戴固定式樣與格調的西裝。有一天，他突然改穿瀟灑的夾克、鮮豔的長褲，戴完全不同顏色的領帶來公司上班。

從這一表相來看，小張的內心必然受到了某種刺激，使他的想法發生若干變化。所以，在他的深層次心理裡，肯定是想求新求變。

同事們則好奇地猜測：「他今天有什麼事嗎？」「他遇到了什麼問題嗎？」

對於這種突然改變自己服裝嗜好的人，你若想與他保持良好的關係，應當顯得不當一回兒事，或者讚美他穿什麼都很不錯之類的話，相信其心靈的大門一定會向你敞開。對這種人，承認的態度比質疑的態度更有效，會贏得他們的好感。

六、有些人對流行既不狂熱又不會置之不理，改變穿衣也是漸漸實行

這類人處事中庸，情緒穩定，一般不會做什麼出格的事。他們大多有理性，不過於順從欲望，也不盲從大眾時尚。此種人比較可靠，值得結交。

搭訕的珍藏祕笈

怎麼把手機裡美眉的號碼變得更多呢？這個問題就是我們要解決的問題。這裡總結一下我們認識美眉的途徑，概括一下爲以下五種——

(1) 緣故。你們本來就認識，比如熟人、朋友、同學、同事、親戚等。

(2) 網路。交友網站、聊天室、虛擬社群等。

(3) 介紹。朋友或親戚介紹你認識美眉，傳統的相親也是一種介紹形式，還有一種商業化的相親，如婚介公司、八分鐘約會等等。

(4) 搭訕。這是一種反傳統的方式，其實有相當多的人都有過搭訕經歷，通常這都是偶然的一次行爲。比如你在學校社團裡偶然認識某個女生，或者你參加舞會時候邀請美眉跳舞。

(5)酒吧。在酒吧搭訕本質上也是搭訕，只不過是特殊場合的搭訕罷了！

女人喜歡被男人搭訕，這是女人心中的小祕密。沒有多少女人承認自己喜歡被男人搭訕，但所有女人都渴望自己被男人搭訕。不過，在主動搭訕或追一個美眉之前，你首先要弄明白以下兩件事——

第一，美眉是否喜歡你這種類型的男人。美眉有自己的喜好。如果她根本不喜歡你這樣的類型，你就不要白費力氣了。

第二，美眉是不是很討厭你。如果說第一種情況你還有一丁點兒的機會，但如果她一看見你就從心裡反感你、厭惡你，奉勸你不要再存有任何幻想。

排除以上兩種可能外，你還需要弄清最最重要的一件事：你是不是眞的愛這個美眉？你是愛她的身體，還是愛她的心？如果你能肯定自己是眞心地愛這個美眉，那麼請按以下原則和美眉相處吧！

1．你要有一顆真誠坦蕩的心

雖然你是以結交美眉爲目標，但切不可在腦海裡常常想著這件事。與美眉交往時，要把她當作普通朋友，不要有身體方面的非分之想。

2．你要熱情，有禮貌，有涵養

熱情要始終如一，不能忽冷忽熱。熱情也不能過度，不同的美眉的接受程度不同，你要學會適應，隨機應變。

禮貌是必須的，沒有美眉會喜歡滿嘴粗話的人，那是沒有文化的表現。在網上，你也要學會有禮貌，有些朋友打字圖省事，能少打就少打。其實，多打幾個字，把禮貌用詞用語打全，更顯得你有水準。涵養更是不可缺少，美眉如果不高興了，你要學會哄她，且不能隨便發脾氣。

3．你要有耐心，而且要細心

美眉大都比較心細，你也不能太粗心。要留意美眉說過的每一句話、每一個詞，要經常反覆學習體會網上的對話紀錄，反思自己的錯誤，及時發現問題一併改正。如果你能提前替美眉想到什麼，那就更好了。

4．要增加你的幽默感

幽默不是粗俗，不是講葷段子，那樣只會引起美眉的反感。如果有美眉和你這樣說話，那只能說明她並沒有把你放在心裡。幽默需要文化底蘊，要多學習，增長知識，才能學會幽默。

5．要學會雪中送炭，而不只是錦上添花

想美眉之所想，急美眉之所急，甚至她還沒有想到的，你要先替她想到。

「打壓法」是當下不少搭訕指南都在力薦的必殺絕技，讀起來似乎讓人覺得人耳目一新，但從一些「搭訕犯」大人的親身經驗來看，這招其實完全不是那麼回事。

設想一下，有一天突然不知從哪兒冒出個傢伙，上來就質疑你在自己熟悉領域多年的心得，你首先會是什麼反應？也許表面上會說「歡迎歡迎」，但心裡話估計是——

「你也配？離我遠點兒！」

有一位「搭訕犯」曾這樣回憶道：

在我的記憶中，唯一一次跟「打壓法」沾邊兒的經歷是這樣的——

我有一個多年的好友，她是個大美女，她知道我很喜歡她，但我們的關係一直保持在這個程度。有一次她辦聚會，照舊來了一群她的粉絲。

那天，我帶了一個剛認識的小美眉，小美眉的姿色當然不敵大美女。但出於本人的習慣，我還是優先照顧小美眉，而且聚會沒結束就跟她一起離開了。沒想到第二天一早就接到大美女的電話，說要和我一起共進午餐。

這種情況下，「打壓法」似乎是有效的，但前提是他是大美女的多年好友兼追求者。換句話說，他已是她魅力指數的專家評委之一，這樣，他的態度對她是有分量的。如果回到他們剛剛認識的那會兒，她一定不會在乎他。

「打壓法」未必適合每個搭訕者，大家學習搭訕理論和技巧時，一定要經過自己的思考再去接受。但好的開始是成功的一半，一旦你和她聊過幾句話，你們就算認識了。以後的事情就算第二步了。爲了走好這第二步，「搭訕犯」們有必要修煉以下幾招——

第一招：知己知彼，認清敵我。

(1) 認清自己。我個性怎樣？我有哪些興趣？我的人生觀、價値觀如何？

(2) 認清對象。追求對象個性怎樣？有哪些興趣？其人生觀、價値觀如何？

(3) 認清敵人。她有哪些追求者？其中哪個較爲突出？她的特點在哪呢？

第二招：不入虎穴，焉得虎子。

認清敵我之後，就要膽大心細，勇往直前，積極展開攻勢。愛她，就每天給她一個電話，一朵玫瑰花。她生日時，不忘送她件小禮物，譬如幽香淡淡的香水，附上一張小卡片，溫馨百倍。

第三招：父慈子愛，兄友弟恭。

美眉可以說是弱小與偉大的綜合體，她有時會像個小女孩，需要呵護；有時又像個小媽媽，非常會照顧別人。你要利用這特質，不斷扮演慈祥的父親去關愛她；偶爾演小寶貝，讓她散發母性的光輝；有時扮個良師益友；有時扮個大哥哥的角色。這樣，在愛的路上你一定順暢無比。

第四招：軟硬兼施，恩威並濟。

對美眉百依百順，不見得就好，最聰明的辦法就是要剛柔並用。有時候你可以溫柔，有時候你可以稍微爲霸道；有時候你可以寵她，有時候要耍耍威風。兩者靈活使用，必可百戰百勝。

第五招：天羅地網，疏而不漏。

雖然你追求的對象是她，但請千萬記住，決定權在她，影響力在她家人！所以你一定要常去她家走動，上從爺爺奶奶、爸爸媽媽、叔伯姨舅，下至兄弟姐妹，甚至她家養的寵物，在她面前表現你八面玲瓏的本事，爭取打個通關。俗話說：「吃人口軟，拿人手短」，在她面前一定幫你說好話，讓她覺得失去你果眞會終生遺憾。

許多美眉都把幽默列爲男人最重要的品質之一。如果在搭訕的時候，你能夠甩出幾句輕鬆搞笑的話，博得佳人一笑，自然能給對方留下深刻的印象。

幽默的本質是緊張情緒的釋放，它具有與戲劇類似的結構，也就是「衝突—解決」、「緊張—釋放」。很多人說幽默感是天生的，有些人似乎生來就油嘴滑舌、能說會道，有些人則天生木訥、沉默寡言。

其實，每個人都有幽默感，因爲每個人都會笑。只不過有些人對人對事有一種玩世不恭的態度；有些人過於嚴肅，說話太認眞。

要想學習幽默，其實有非常非常多的幽默技巧，這裡分享最簡單易學的一個技巧。這個技巧就是「假裝」。

很多人學習幽默的時候，第一個發現就是幽默來自於錯誤、虛假、自私。正確的不幽默，錯誤的才幽默；眞的不幽默，假的才幽默；禮貌不幽默，自私才幽默。舉個例子，美眉說：「謝謝你！」大部分男人的反應是「不用謝」，反其道而行之的做法就是——「光謝謝怎麼能行，你得請我吃頓飯。」

好男人總是一副大公無私、禮貌謙讓的君子形象，讓人感覺很無聊；假裝成一個自私自利的小人或者貪財好色的流氓，馬上會讓人感覺很有趣。

英國心理學教授理查·懷斯曼對一場大規模「愛情速配」活動的調查結果顯示，想在相親會上成功約到心儀的對象，就要以幽默或稀奇的問題來作爲開場白，而個人外表是否有吸引力顯得並不重要，因爲當對方回答他們的提問時，很難不面帶笑容。

不要害怕說一句假話，就被人當作騙子，也不要害怕開一個玩笑，就影響了自己的光輝形象。如果你感覺到有人注意你，大大方方地給對方一個微笑或者回應，你在爲你自己加分。

搭訕需要很強的技術性，所以，想搭訕到極品美女，多去看看修煉祕笈吧！只要記住這些，搭訕就不難了。搭訕越搭到最後就越隨心所欲，你把搭訕看得越無所謂，你就越能吸引目標，並且你越能感受到生活的美好，搭訕只是生活的小小點綴。

初期約會的必備技巧

對男人來說，第一次約會非常重要，寄希望於第一次約會就可以塵埃落定。如果第一次約會就讓他信心大失，他就很可能換個女人去碰碰運氣。因爲男人認爲，第一次約會如果進展順利，接下來兩人的關係才可能長勢良好。

相反，第一次約會如果沒能打動一個女人，隨後她就會消失，並且從此芳蹤難覓。由於習慣性地假設沒有第二個機會，男人在第一次約會中，往往會表現得殷勤。

當約會結束時，如果沒有得到確定的答覆，對於女人對他是否滿意，他是不是有機會，男人一點線索也沒有。下一次約會往往是繼續追她的機會，男人總是默認下次是個藉口，一旦女人離開，一切就結束了。

男人總是把希望第一次短暫的接觸後，就能一切搞定。男人把女人看做是通往一個全新世界的窗口，從此，享受美麗新世界帶來的快樂和新奇。男人很少會想，兩人的關係要健康地發展下去，需要哪些基礎。男人認爲，女人一旦表達了想和他在一起的願望，兩人的關係就已經基本定型，可以高枕無憂了。所以，男人總是急切地爭取一個女人對他的好感，成功後就以「家常」的方式對待女人。

這樣，女人往往會有受騙感。這就像一個笑話。

妻子問：「為什麼追我的時候你總是送花給我，現在卻沒有了？」

丈夫回答：「你看過漁夫把魚釣上來以後還餵牠魚餌的嗎？」

女人也很看重第一次約會，但她不會把這次約會當成確立兩人關係的時刻，而是在約會過程中，推測如果和這個男人交往，她需要付出哪些東西，兩個人才能和諧相處。

女人通過自己的直覺，透過兩個人暫時愉快相處的表像，猜想如果與這個男人朝夕相處會是怎樣的情景。她的直覺幫助她預測兩個人交往的前景，這個前景對女人來說，比男人現在的殷勤還要重要。

如果第一次約會很美好，男人會推測，以後的日子裡，她將和自己愉快地生活在一起。女人會猜疑，兩人關係確定之後，男人現在的激情會有多少能保留到以後？

總之，在男人和女人的約會中，男人更多設想，女人更多評價。

男人將現在的相處看作是未來的序幕。女人通過直覺蒐集一些微小的資訊，預測與他相處的未來。女人的方式讓她在約會中更加鎮靜，能發現很多問題。當男人看到約會對未來的預示，並爲此揚揚自得時，女人會蒐集到更多對未來有影響的蛛絲馬跡。

1．喚醒男人沉睡的情感

女人的情感世界很豐富，因爲情是女人天性的一部分，而男人的情感處於沉睡的狀態。當女人吸引一個男人，並且愛上他，向他展示自己情感豐富的內心世界。她的愛能夠喚醒男人生命中感性的一部分，也只有女人能夠做到這一點。爲了一個所愛的男人，沒人知道女人內心的感覺可以走多遠。

當男人被女人的情感世界所吸引，不斷地去深入了解女人，就能學會像女人一樣投入情感。情感交流讓兩性關係更完美，不僅能讓女人從中可以獲得更多的樂趣，也能讓男人成熟起來，並學會用女人所認同的方式表達愛意。

2．不同場合下運用不同的方式

(1)公園。公園是青年伴侶談戀愛最常見的方式之一。但不應呆呆地坐在公園的椅子上，而應遊逛或坐在秋千上，讓身體活動起來，以消除雙方的緊張感。

(2)散步。走馬路灑月光也是一個好辦法，但重要的是你要讓她走靠人行道的那邊，並盡可能地與她步調一致。兩人最初的間距以20公分爲宜。

(3) **跳舞**。初次約會就去跳舞是有一些弊端的，但如果對方熱衷此道，你也得順其心意，在熱烈的跳動中可能會消除彼此的隔閡。

(4) **運動**。可以在喊叫中增加熱情，但你不能技不如她。

(5) **電影**。劇情需適合初識男女，悲傷的劇情會讓她認爲是不良的預兆。當然，也別看純逗笑的鬧劇，否則她會認爲你品位不高。看電影時不能交談，是其缺點。

(6) **餐廳**。要注意找一個有角落的位置，這樣可以避開眾人的目光，減少雙方初識的緊張心理。而且，你要請她坐在背向門口的位置，如此她的視線便會以你爲中心，同時你自己可以看到整個餐廳的情形，能夠在平靜的氣氛中引導談話內容。但如果不是特別有趣或必要，切忌在餐廳的人群中找話題。

(7) **博物館**。如果和你約會的美眉文雅沉靜，你可以考慮和她一起去逛逛博物館，可能會意外地找到良好氣氛。但你不可對博物館裡陳列的內容一無所知，由對方來說給你聽，那對你就很不利了。

(8) **比賽或表演**。讓美眉看體育比賽或雜技表演，帶她並不十分熟悉的世界，同時你可以邊看邊發表自己的高見，這樣可以加深她對你的印象。

(9) 遊樂場。這容易使人處於興奮狀態，可以製造一種坦率而開放的氣氛，身體也會自然地靠近，但你不可以有乘機「吃豆腐」的念頭，否則女方一旦有戒心，你便自己把好事弄砸了。

(10) 餐廳的選擇。美眉會喜歡格調高雅而整潔的小餐廳，有異國情調的西餐廳，或者高樓大廈的頂樓餐廳，可以一邊進餐一邊飽覽都市夜色。

3．進餐時的注意事項

(1) 要主動請她吃飯，因爲一般美眉都不願說肚子餓了。

(2) 先問她想吃什麼，如果她不表明意見，你就自己決定菜單。別推來推去，那樣你以爲這是在禮讓對方，其實是會令對方尷尬。點菜時要注意別要黏牙的食品，因爲那會破壞氣氛。

(3) 進食時儘量不發出聲音，宜一面談心一面進食。

(4) 你盡可以放開胃口吃，美眉通常都喜歡男孩子食欲旺盛。

4．關於飲酒的注意事項

(1) 初次約會時萬不可強迫女方喝酒，這樣會令其不快，而且她可能以你強迫她飲酒爲藉口拒絕再與你約會。

(2) 別裝海量，不管你會不會。

(3) 如果她喝酒了，臉色特紅，你要讚美她。

5．如果約會遲到

飛奔趕去約會地點，喘著氣向對方誠意道歉，然後找個藉口，如：「在中山路塞車了，急得我跳下車跑步過來，跑得我氣喘吁吁。」或「我想找一份你喜歡的禮物送給你，以至於趕不上時間……」

總之，要編得合情合理，不能讓她覺察是你的一時疏忽大意造成遲到，根本與什麼車呀，禮物呀無關。這種謊言有助於消解對方的不滿，動機是好的，不能算是不懷好意的欺騙。不過，遲到這種事可一不可再，謊話說多了，終究是會露餡的。

6．道別技巧

最好在適當的車站跟她說再見，陪她等車直到車來後，待她上車及車開出後你再離去。這樣女方便不會覺得你纏得太緊。如果她願意讓你送她回家，那表示她對你已有點動心了。這時必須把握好分寸，就是說，第一次約會應該在美眉還想和你相處時結束。這是使她期待下一次約會的絕招。

同時，你應運用如下的邀約技巧。比如在等車時，你問她：「今天是夏至，你知道夏至的意思是什麼嗎？」她說不知道，這時車就來了，你說：「那好，下次約會時我再告訴你。」再重複一次下次見面的時間和地點，然後送她上車。又或者，她在分手時對你說：「和你相處，我這個晚上過得很愉快。」你必須立即接上話頭，說：「那實在太好了，下次我會讓你更快樂。」然後再適當地重複下次約會的時間和地點。

喜歡她，可又怕當著別人的面讓她覺得唐突，真想約她出來單獨談談。這裡有幾個技巧供你參考。

1．約會時機成熟後應及時相約

約會能否成功，與你提出的時機有著直接的關係。過早與過晚提出約會都是不好的。在感情達到一定程度時，就應大膽地約請對方。否則，時機本已成熟，卻遲遲不和對方約會，可能會坐失良機。

當然，如果時機尚未成熟，莽撞行事，碰釘子也是難免的。怎樣才算時機成熟呢？這需要細心觀察兩人的關係和意願。經過一段時間的接觸，雙方都有好感，這時就可以主動向她提出約會了。

2．重要約會要預先通知

要求約會時，通常要預先通知。至於通知的內容，完全根據約會的性質而定。如果你約她參加派對，你的通知就得詳細點兒，不能像請她看電影或球賽那麼簡單，你得給她相當的時間計劃和準備衣飾。

重要的約會，最好在兩個星期前就提出邀請的通知。尤其是對那種有較多約會的美眉，你越早通知，就越有機會獲得她的赴約。美眉歡迎提早通知的約會，因爲那可使她可以從容地籌畫她的時間表，不會因你的約會而排除其他的活動。

3．儘量減少臨時約會

如果你和兩三個朋友在一起，忽然有人提議去溜冰，或是看什麼表演，可能你們想約一個美眉一起去。可是，她說不定會以爲你們拉她去湊熱鬧是一種侮辱，斷然拒絕邀請。毫無疑問，你們會有「乘興而去，敗興而歸」的感覺。因此，這類近乎衝動的臨時約會，最好不要有。當然，如果你和她的感情已經很好，自然就另當別論了。

4．親自邀約

親自邀請的約會比用電話或書信顯得鄭重，也不會像打電話時容易受到騷擾。如果你們打電話時會受到太多干擾，那麼用電話約她就不如親自上門約她。另外，很多人在一起的時候，不要向你的心儀對象提出約會的要求，因爲這是你們兩人之間的事，在別人面前提出來總是不恰當的。

5．電話邀約

和異性接觸感覺不大自然的人，總喜歡用電話要求約會。他們和美眉交談，有時顯得張口結舌，在電話裡就顯得較爲自然。所以把要說的話事先寫下來備忘，從而在電話裡從容地提出邀請。她如果在家裡接到你的電話，也較方便徵求父母的同意。

6．要求她對約會有個答覆

大多數情形下，無論她能不能接受你的邀約，會當時給你答覆。如果她沒有立即答覆你，或者有些其他的問題需要考慮，你不妨和她約定一個答覆的時間。

7．約會要定好計畫

一般說來，邀請約會時，總有個預定的計畫。如果所定的計畫不夠明白，你也可以和她臨時討論一下做些什麼。最好在你的錢袋許可的範圍內，向她提出幾個不同的建議讓她選擇。但你不能冒失地要她決定到哪兒去玩。這是一個非常重要而現實的問題。約會時不能控制花銷的男孩子，常會和約會對象不歡而散。

8．她說「不」的時候，要對症下藥

有時候，她即使願意和你出遊，也可能故意辭謝你的邀請。你可以根據她的態度，決定是否再次表明你誠摯的邀請。她要是很誠懇地推辭，你就得識相點兒，不要再要求下去了。

約會被拒絕，自然是一件煩惱的事情。但你要是曉得一個美眉拒絕你的眞正理由，就不會感到難以應付了。如果她說已經有一個約會，你盡可以邀請她下次赴約；但如果她說以後恐怕好長時間內都沒有時間，這很可能是告訴你，另外尋求你的約會對象吧。

如果一個美眉拒絕你的約會而不說明理由，你不必勉強要她答覆。你若是覺得她並非不想和你出遊，就該很輕鬆地提出改期約會，或是提議另一種約會。這樣可使她對你有更多的了解，更可以表明你是個懂得體貼的人。

約會時不要限制對方的行動，例如對方想吃果凍，而自己一味地阻止；對方想去爬某座山，而自己因怕累或出於其他原因而拒絕。這都是約會所禁忌的事情。約會之前最好等兩個人意見達成一致的時候再出發。

總之，爲了謀求雙方感情的長久發展，初期的約會一定要進行得順利才行。

建立親密感的必殺技

無論是戀愛還是生活，都離不開親密感的建立。親密感，我們可以理解爲兩個人交流的虛擬基礎。現在大家都在尋找親密感，陌生人也好，朋友們也好，中間都有無形的橋樑。能不能很好地和陌生人相處，完全取決於自己有沒有建立親密感的能力。

建立親密感說起來簡單做起來難。我們可以將兩個人之間的關係分爲：疏遠型和親密型。

對於社會需求來說，疏遠型的兩個人是相互排斥的。無數媒體都在進行「相親」、「交友」這樣的活動，只是希望兩個陌生的人能夠成功地建立友誼。

有位搭訕高手曾在自己的博客上寫了這樣一件事情，是一則關於他指點朋友搭訕一位美眉的故事。

偉到現在都沒有談過一場眞正的戀愛，現在他暗戀上一個他和住在同一個社區的美眉，但眞的很困擾，打算請我幫忙。

偉對那個美眉的任何情況都不大了解，只知道對方喜歡打網球。

下午2點我倆去了他的社區，他說那個美眉2～3點會去打網球。（他就喜歡網球，而且打得不錯。我想以他的這個優點來展示他的高價值）

「你是不是想經常看到她？一天不看就不舒服？」（兵家大忌）

「嗯，每天都要看。前幾天下大雨，我沒有見到她，睡覺都夢見她了。」（完了，麻煩了）

「你去社區活動室不是免費的吧？」

「一個小時20元，比外邊的運動場還便宜一點。」（可憐的孩子，自己一個人在投資。）

「唉，怎麼說呢，我以前和你一樣，但是這樣眞的可以讓美眉喜歡和你在一起嗎？」（說了很多話開導他）

「後悔今天找你了，你說和美眉打鬧就會讓她喜歡你。你開玩笑也別在這時間裡開啊，我是認眞的！」

「唉，看我的吧，下午你看見我撓頭你就過來，我說話你順著我的話說，不要多說，也不要盯著美眉目不轉睛。」

給他說了個冷讀：你是一個外向的女人，對別人戒心不是很大，朋友比較多，不過你更多的時候會感到無助、寂寞，滿腦子的思緒！（這個對小美眉，一用的話十拿九穩，而且冷讀很容易拉近雙方的距離，建立高價值。）

「走吧，去球場吧！」

這個是前期的複述鋪墊，也是我第一次爲了別人來認識別的美眉。

目標出現了，美眉很陽光，個子一六三左右，身材很苗條，穿著運動衫，看上去非常健康。

她做熱身運動的時候，我叫偉去場地邊休息的長凳等我。（長凳很多，我讓他去的地方接近入口和球場邊緣，爲了讓他能聽見我的談話。）

目標熱身準備完畢，我從正面、側面切入。（目標鍛鍊的時候你跟她搭訕，你說人家熱身的時候會和你聊天嗎？）

「你好，一個人麼？」

「嗯。」（很簡潔，下邊的話題很不好接。）

（自然地微笑）「你也喜歡網球啊，最近看到朋友在打，我也想試一試，我是新手，向你請教請教啊！」（因爲美眉不是很漂亮，估計沒有那麼驕傲，先提高她的價值。）

「哦。」（簡單地回答啊，證明美眉對你還沒有興趣。）
「你自己怎麼打啊？」
「嗯，就是玩玩，不一定非要和人打，我有時候都是對著牆壁練習。」（估計美眉要麼技術不怎麼樣，要麼就是高手，這裡很少有人可以打過她。我自己更願意是前者……）
「我不會打啊，你看我們倆一起找找感覺怎麼樣？」（要眞誠地微笑）
「……」（美眉不理我了。嘿嘿，這個時間是美眉在思考，打斷。）
「你怎麼不說話啊，我還要等朋友來叫我去他家看會接吻的金魚呢，你不會怕我打敗你吧？」（引起美眉的好奇心）
「來就來，誰怕誰啊，你眞自大。」（別人說你自大，那是高價值。）
然後我們開始打球，因爲我什麼也不會，她嚴格要我先對著牆打……
「你教我網球，我可以考慮帶你去看金魚。」
「哦，對了，是不是剛才你說的接吻的金魚啊？」
「嗯，很少見到的，很難得的，是印度引進的，這種魚還很不好養呢，控制不好就不接吻了啊！」（我開始胡編，爲的只是要吸引美眉。）

「哇，看不出你這個四肢簡單的傢伙還很懂呢，滿有愛心的，像你這樣的男孩不多啊，那麼喜歡動物。」（開始對我有好感了）

「我渴了啊，在哪裡買水啊？我們一起去。」

就這麼鬧著來到社區的超市，我拿了兩瓶水：「嘿嘿，來結帳！」

「啥？爲什麼要我結啊？」

「唉，是不是喜歡運動的人都這麼小氣啊？你看，我都陪你打了半天球了，好渴啊……」（服從性測試）

「嘿，原來你在這裡等著我的啊，眞陰險。」話是這麼說，但是美眉沒有停下結帳的動作。

回去的時候，我一直喝水，沒有和美眉說話，因爲關鍵的來了，我開始要問美眉問題了，還要讓偉聽到。

「坐入口這裡吧，休息休息再打好了！」（其實這個時候可以進行肢體接觸的測試，但是我沒有，畢竟不是我的「菜」啊！）

「我發現你也喜歡動物啊。」（找和美眉有共鳴的地方）

「是啊，從小喜歡，呵呵，但是你好像懂很多哦。」（上鉤了，開始控制交流的節奏。）

「那是啊，我是專家啊，有問題問我吧，咱倆誰跟誰？」（咱倆誰跟誰是低價值的體現，但是我一定要說，因為她不是我的目標，我要向好人發展，內心當時很矛盾。）

「誰和你誰跟誰啊，我們才剛認識。」

「但是不否認的是我們認識了千萬個瞬間了吧！」（專門對付「剛認識」的限制測試）

「你真油嘴滑舌啊。對了，你是做什麼的？」

「祕密，隱私問題，不方便回答的，只有我自己在做而已！」

「恐怖分子？」（我遇見的最冏的答案）

「芭比娃娃時裝設計師。」

「真的假的啊！天啊！」

「真的啊！沒有發現我懂很多東西的，因為設計需要靈感。」

「就是就是，我發現了，你就是知道很多啊，多給我說說吧，呵呵。」（好奇害死貓啊）

「唉，我聊天是要收費的啊，何況你問我這麼私人的問題，要加價的。」（高價值）

「哎呀，水你都喝了，還收啥啊，小氣鬼。」

「那說說你自己吧。我打賭，你肯定比我小。」（打賭的時候，人總會說出比你提問更多的答案，這正是我們所想要的。）

「我20歲了。你多大啊？我看你也就18歲（開始打壓我了……），小屁孩一個，你還說你是什麼設計師，騙我的吧？」（開始懷疑我的答案了，不過也沒有甚麼關係。）

「你做什麼的啊？」（開始引導提問，其實沒有必要說這麼麻煩，溝通有別的方法，比這個省事多了，關鍵我是爲了照顧偉，好叫他聽到。）

「我還是學生呢，學幼教的，雖然沒有什麼可驕傲的，但是我至少是說的眞話。」（還是在乎我的，她想聽我說眞話。）

「哦，你發現了啊，其實我也是個學生……」（和美眉交流些正常的話題，準備鋪墊問關鍵的問題——感情問題。）

「呵呵，你還挺可愛，嗯，不是我想的四肢發達的美眉啊，哈哈，你男朋友喜歡打球麼？」

「你才是四肢發達啊，」掐我腰了，滿疼的，「再說我還掐你。」（沒有說關鍵問題，這個不是我想要聽的。）

「不說了不說了，眞是暴力啊，你男朋友會受得住？」

「我沒有男朋友啊！」（美眉很坦然地說的，估計應該是眞的。）

「哦，走吧，再打會兒球。」

「嗯。」

打了沒有5分鐘，我就撓頭了，偉來了。

「哎呀，親人啊親人，你可來了。來，我給你介紹介紹。」馬上給美眉說：「這是偉，他是個厲害的人啊，你倆誰打球更厲害呢？」

「這個就是我的師傅，××。你倆認識認識吧！」

「我見過他的。是你的朋友啊？」這話把偉一下子弄得更緊張了。

「你好！」偉說。

「你們打吧！」我把球丟給了偉。

「你一定要贏球。要不，你追她想都別想。」趁給球的時候笑著給偉說。

偉以壓倒性優勢勝利了。

我跑了過去：「師傅啊，你咋打不過他呢？你不是說你很強的麼？」

「不服，再來！」（好個要強的美眉啊）

「我們賭球吧，21個球，誰敗了誰請客。偉，你說好嗎？」

「嗯。」（他肯定被我震撼了，嘿嘿，說什麼都聽了啊，可憐的孩子！）

「師傅，就這麼定了啊。」

「唉，你倆是想宰我的吧。特別是你，不管誰輸了，今天你都可以白蹭了一頓飯啊！」

「其實我更相信你，師傅，打敗他，叫他放放血。他周圍朋友很多的，人不小氣的。」（開始提升偉的價值）

他們開始打了。我給偉說，既然是你打得好，開始讓讓她，讓你們的比分差不多，最後兩球定勝負。

就這樣，本來玩一局的，他倆玩了半天。

之後我們三個就一起聊天，像認識很久的朋友一樣。

後來美眉回去了，要換衣服，然後去逛夜市。

和美眉一起去吃飯，偉就說：「你今天在步行街見好多美眉都穿得和我一樣啊，呵呵。」

大家聊著吃著，美眉挺喜歡我倆的。後來關鍵點到了，在偉說出一個我教他的腦筋急轉彎以後，美眉猜幾次都沒有猜出來。「你知道豬是怎麼死的麼？」說的同時偉摸了摸美眉的頭髮。

美眉沒有躲開，反而和他打起來了，開心得很。

偉送她回去了，在分別的時候偉說出了心裡話，美眉很感動，她感覺自己找到了知音，遇見了懂自己的男孩。偉還和她約好下次一起打球。

如果你不是第一次見到她而是第二次或者第三次，她會覺得你是個特殊的人並且一直考慮你。好的親切感對你來說是一個好的開始。那麼，要怎麼做才能在人與人之間自然地獲得親切感呢？下面是一些快速建立親切感的方法。

1．要從容些

從容十分重要，不要緊張，不要像剛從監獄裡逃出來一樣到處亂看。要像你自己一個人在這個世界上最舒適的地方一樣。如果你從來沒有去過那樣的地方，就想像一個。

2．避免談論日常話題

如果想通過談論天氣、學校、工作、新聞、電影等，來建立親密感，恐怕會花費你幾週的時間，才能有所收穫。

3．反應熱烈些，會讓她覺得你在乎她

女人和男人在溝通方式上是有分歧的。我們不是說你必須時刻對她有問必答。女人希望的是男人儘量回覆她們的電話，討厭你第二天才有回音。這並不意味著在你很忙的時候也必須發一份電子郵件，或者柔情蜜意的簡訊，哪怕只有一個或者兩個句子，就能讓她感覺到你在乎她，而這也是她眞正想要的東西。

4．與女人共舞會讓她們感覺特別

不幸的是，大多數男人不情願跳舞，尤其在公開場合。爲什麼非要這樣呢？雖然可能她會愛上這個主意，但你大可不必帶上你的女人去舞廳。如果你伴隨著美妙的歌聲在

起居室與她翩翩起舞，她一定會興奮不已。這實際上就是你的優勢，因爲你可以控制一切「節奏」……

5．裝扮起來，帶著你的女人走出去，給她留下深刻的印象

裝扮的不僅僅是衣服，而是你發現她值得你如此費力討好，也會讓她知道你願意爲她打扮。而且，一件品質上乘的襯衫和正式的長褲能大大增加你的吸引力。可能你會覺得太講究，但是你的魅力指數被放大了。這是眞的，人們說女人喜歡衣著講究的男人。

6．除了生日，還要記住一些無關緊要的日子

你第一次告訴她你愛她的日子，你第一次吻她的日子，你們共同度假的第一個地方，第一次見她時她穿什麼。你記住的這些日子，每一個都能令她笑逐顏開，你在她心目中的地位也會隨之飆升。

7．女人還希望男人陪她們度過臥室之外的時間

女人想和她們的男人一同體驗生活，陪她一起做運動是發展親密關係的最佳方法之一。不要擔心，你無需參加她的瑜伽班。但攀岩、徒步旅行、打網球，或者騎自行車，都是能讓你倆心情愉悅的活動。如果兩人中有一人不屬於運動類型，那就嘗試你們感興趣的其他東西。教她打高爾夫球或者撞球，她會喜歡上這種個性化的活動。

8．認真聽她講故事

當她在講自己的故事的時候，你要認眞地聽，不要在一邊解釋，不要用——「這很好」、「這非常有意思」、「你一定很難過」這樣的話來打斷她；不要批判或者評論她說的任何事情，不要陷入激烈的討論，不然你將失去她。

對新手來說，上面講的是建立親密感的黃金法則，所以有必要多讀幾遍，以提高你的能力，去爭取你的美眉。下面再講幾個建立親密感的實用小方法。

1．包容對方的缺點

兩個陌生人彼此不了解，對方身上總會有一些小缺點會令你不大愉快。對於這樣的小缺點，大家要學會包容。因爲世上無完人，你在對方眼裡一樣會漏洞百出的。

2．語言攻勢必不可少

語言是溝通的橋樑，也是讓兩個人熟識的關鍵。那麼，對於語言攻勢，我們應該有更深的理解。首先，不要把話說得太死板，你要適當地運用小幽默來緩解氣氛。同時，你說些親密的話語，能夠讓你成功地綁住心儀的異性。

3．適當運用肢體語言

偶爾拍拍對方肩膀、摸摸對方頭髮，都能加深彼此的親密感。所以在執著於建立親密感之前，先將肢體語言訓練一下吧！

欲擒故縱要用到位

在日常生活中，異性間的愛情追逐十分常見。特別是單相思的一方會朝思暮想，不顧一切地去追求自己心儀的人。但窮追猛打的效果卻往往並不十分理想，也不會總能取得成功。相反的，把事情弄砸的倒有不少。更有極端的事例發生，例如：自殺、他殺、服毒、放火……

愛情常是盲目的，當事者一旦陷入其中，往往難以自拔，很可能會窮追猛打，把對方逼到尷尬境地。其實，如果能夠冷靜對待，效果反而可能要好很多。

和窮追猛打相反的是欲擒故縱，即儘管內心裡火急火燎，但在外在表現如穿衣打扮、行爲舉止等方面，都有理智、得體、有教養、有品味、有人情味，把急切的想法用幽默、風趣、智慧的方式表達出來。

當然，眞要做到欲擒故縱並非易事，非一般人所能爲，需要在關鍵時刻挺得住、拿得起、放得下。切記，如果你碰到一個心儀的對象，一定要冷靜對待，要保持高度的自信和高超的交往技巧，切不可一下子投入戰鬥，暴露出自己的意圖。

其實，眞正的戰鬥還在後頭，打響之前需要進行多方面的準備，包括精神、智慧、技巧、方式、方法，和經濟基礎的建設等。如果有了足夠的準備，再加上一定的實力，包括你的天然和後天形成的實力，事情就有希望能夠成功。

還有一點也要切記，對方對你一定要有些興趣才行，如果對方對你一點興趣也沒有，那麼你最好趁早全身而退，不要再一門心思去單相思了。總會有其他更適合你的對象，只要你繼續努力，勇於適時上前搭訕，幸福生活也就離你不遠了。

要讓他人產生興趣，就要培養自己的吸引力。有這樣一條經驗——「男人絕不要把女人想要的東西給她」。如果女人說：「7點鐘來接我。」男人可以說：「我7點半去接你。」如果女人想讓男人送她鮮花，男人不要立即買，可選擇一個適當時機，突然給她一個驚喜。如果一個女人想讓男人親她一下，男人可以說：「有什麼回報？嗯……我要好好想一想……」總之，做一些與她的期待不一樣的事。

其實，這種方法在搭訕過程中也很適用。與人搭訕時，可以採用上述的方法，把交流的過程變得更「不可預測」、「更有趣」。然後，被搭訕者才會樂意繼續這個「挑戰遊戲」，因爲他們已經對搭訕著產生了濃厚的興趣。

記住，男女交往是一門平衡的藝術，一邊倒的關係很難構成眞正的吸引。搭訕的後續可能比其他正常社交的後續更難，因爲這個遊戲是以不平等的關係開始的。另外，搭訕的後續也比其他正常社交的後續更刺激，因爲這種狀態更接近男女關係的實質。

根據經驗，如果對方在簡訊互動中沒有對你表現出特別的情緒狀態（比如高興、對你有興趣、跟你分享自己的心情），那麼貿然發出邀請一般都會失敗，而且還會強化自身追求者的角色，進一步拉大與對方的不平等關係。

所以，搭訕後隔3～7天再發第一次簡訊爲好。你可以用——「剛出差回來，還記得我嗎?」或「一直在考試,你最近還好嗎?」作爲開頭。這樣從道理上你解釋了長時間不聯繫的原因,但從感覺上你低下的位置已經悄悄上升了一點點。

反之,搭訕當天就發簡訊聯繫,眞誠是足夠了,但是別忘了,你追求她的色彩也更濃了,而女人總是喜歡被關注而害怕被糾纏的。

總之,正確的做法是隔3~4次聯繫發一次邀請,錯誤的則是每次聯繫都發出邀請。特別強調,即使每次聯繫間隔很久也還是會有一定的不良影響。因爲,每次只要你的名字出現在對方的收件箱中,你們的不平等關係就會被強化一次。

在兩性關係中,大都是男人在追求女人,所以開始時的不平等幾乎是自然的安排,女人最終要選擇的就是有能力打破這種關係的男人,因此一味做老好人是沒有用的,因爲這樣難以建立「吸引」。

學會欲擒故縱就等於學會了一節「超級搭訕學」課程。所以在看到這節課程後,先放棄自己死纏爛打的功夫吧!

讓對方主動進入你的「狙擊圈」

很多人會問，與潛在客戶搭訕時，我如何才能讓他們願意購買我們的產品？抱著要打動客戶的心理，有些新人總是使盡渾身解數，在潛在客戶面前喋喋不休。最終卻發現客戶非但對他的話並不感興趣，而且，長談更使對方產生厭惡情緒，因而也就很難再預約到下一次見面的機會。

如何讓客戶無法拒絕你的推銷話術——

(1) 如果客戶說：「我沒時間！」你應該說：「我理解。我也老是時間不夠用。不過只要3分鐘，您就會相信，這是個對您來說是絕對重要的議題……」

(2) 如果客戶說：「我現在沒空！」你就應該說：「先生，美國富豪洛克菲勒說過，每個月花一天時間在錢上好好盤算，要比整整30天都工作來得重要！我們只要花25分鐘的時間！麻煩您定個日子，選個方便的時間！我星期一和星期二都會在貴公司附近，可以在星期一上午或者星期二下午去拜訪您！」

(3) 如果客戶說：「我沒興趣。」你應該說：「是，我完全理解。對一件談不上相信，或者手上沒有什麼資料的事情，您當然不可能立刻產生興趣。有疑慮是十分合理自然的。且讓我先爲您解說一下吧，您看星期幾合適呢？」

(4) 如果客戶說：「我沒興趣參加！」你應該說：「我非常理解，先生。要您對不知道有什麼好處的東西感興趣，這實在有些強人所難。正因爲如此，我才想向您當面說明。星期一或者星期二過來，您看可以吧？」

(5) 如果客戶說：「請你把資料寄給我怎麼樣？」那麼你應該說：「先生，我們的資料都是精心設計的，必須配合人員的說明，而且要對每一位客戶按個人情況分別再做修訂。所以最好是我星期一或者星期二過來見您。您看上午好還是下午好呢？」

(6) 如果客戶說：「抱歉，我沒有錢！」那麼你就應該說：「先生，我知道只有您才最了解自己的財務狀況。不過，現在告急幫您做個全盤規劃，對將來才會最有利！我可以在星期一或者星期二過來拜訪您嗎？」或者說：「我了解。要什麼有什麼的人畢竟不多，正因如此，我們現在開始創造了一種方法，用最少的資金創造最大的利潤，這難道不是對未來的最好保障嗎？在這方面，我願意貢獻一份心力，可不可以下星期三或者週末去拜見您呢？」

(7) 如果客戶說：「目前我們還無法確定業務發展如何。」那麼你就應該說：「先生，我們行銷要擔心這項業務日後的發展，您先參考一下，看看我們的供貨方案優點在哪裡，是不是可行？我星期一過來還是星期二比較好？」

(8)如果客戶說：「要做決定的話，我得先跟合夥人談談！」那麼你就應該說：「我完全理解，先生。我們什麼時候可以跟您的合夥人一起談呢？」

(9)如果客戶說：「我們會再跟你聯絡的！」那麼你就應該說：「先生，也許你目前不會有太大的意願，不過，我還是很樂意讓你了解，要是能參與這項業務，對您會大有裨益的！」

(10)如果客戶說：「說來說去，還是要推銷東西？」那麼你就應該說：「我當然是很想銷售東西給您了，不過我希望能帶給您讓您覺得值得期望的。有關這一點，我們要不要一起討論研究看看？下星期一我來見您？還是您覺得我星期五過來比較好？」

(11)如果客戶說：「我要先好好想想。」那麼你就應該說：「先生，相關的重點其實我們已經討論過。容我冒昧地問一問：您顧慮的是什麼？」

(12)如果客戶說：「我再考慮考慮，下星期給你電話！」那麼你就應該說：「歡迎您來電話，先生。您看這樣會不會更簡單，我星期三下午晚一點的時候給您打電話，還是您覺得星期四上午比較好？」

⒀ 如果客戶說：「我要先跟我太太商量一下！」那麼你就應該說：「沒問題，先生，我理解。可不可以約夫人一起來談談？約在這個週末，或者您覺得哪天合適？」

類似的拒絕還有很多，我們無法一一列舉。但是，處理的方法其實都是一樣的，尋求一個解決方法，把拒絕轉化爲肯定。讓客戶拒絕的意願動搖，你就乘機跟進，誘使客戶接受自己的建議。

客戶，作爲一個「專業買手」，每天都與許多不同的業務員打交道，天天都在談論同樣的話題。業務員說什麼想什麼，對方心知肚明。到底怎樣才能讓客戶認可，並且喜歡自己呢？

⑴ 以堅持不懈的追求和執著認眞的態度獲取客戶的青睞。那些慵懶的推銷者自以爲話術精確到位，可是，因爲浪費了對方時間而被拒絕的人數之不盡。

⑵ 較高的職業素養和敬業精神能贏得客戶的好感。其實，別人對你的好印象都是靠你自己一點一點地建立起來的，有時一件小事也能讓對方對你欣賞有加。

⑶ 與客戶溝通要選對話題和切入點，比如與伯樂談馬，與伯虎論畫。要尋找雙方的共同語言，切忌以自己爲中心一直喋喋不休。與客戶或者陌生人溝通的時候，儘量將

話題圍繞自己與對方進行。

(4) 交談中注意觀察對方感受，及時調整溝通策略。很多人在搭訕的時候總談論自己，讓對方當傾聽者，也不關注對方到底有沒有在意，這是緣木求魚的做法。

(5)「利」字當頭。要在最短的時間內說明產品或服務，能給客戶帶來的利益或節省的成本。

(6) 突出優勢。重點說明產品或服務的獨特賣點，並要注意與客戶需求相契合。

(7) 以正直的品格、豐富的專業知識，以及設身處地的換位思考，來贏得客戶和被搭訕人的信任。

第4章

搭訕是人與人之間最美好的橋樑

怎麼能讓對方對自己死心塌地

總是聽見有朋友這樣說：明明搭訕成功了，沒隔兩天就不理我了。那麼這裡隨便問一句：你最後套牢她了嗎？

沒錯！就是「套牢」！

怎麼能讓對方長久地留在自己的狙擊圈內呢？我們要做好一系列的準備。

你和女孩子開始交往，從「普通朋友」變成「好朋友」，再到「非常非常好，無話不談的朋友」；某一個陽光燦爛的午後，你「不小心」拉了她的手；「月上柳梢頭」，你突然襲擊吻了她。這時她是你的女朋友了，無論她是否承認，她心裡早已經認爲你是她的男友了。

其實，最高明的，直到確立了關係都沒問過——「你是否願意做我女朋友？」最後女孩子急了——「你怎麼還不求我做你女朋友啊？」所以說，千萬不要急於把窗戶紙捅破，情況越朦朧對你越有利。

受歡迎男士對於非理想中的女性，總保持敬而遠之的態度，而對於心慕的女性，則有辦法將她留在自己身邊。女性對於引人注意的男子一定會產生好奇心，這種好奇心可以運用在有趣的對話中，也可以運用在具有新鮮度的情報資訊上。

如果你人緣不好，即使對方很有好奇心，一見到你也只會拼命地躲避。不受歡迎的男士總是相當寂寞，他們非常希望能置身在熱鬧的氣氛中，但想要成爲受歡迎的男士，必須擁有自信及良好的人際關係。相信這樣，好的女孩子將屬於你。

在碰觸女性後，比較能增進彼此的親密感，如果你有機會接觸她的膝或手，那就相當完美了。但是如果你們是第一次約會見面，可別有這種舉動。在咖啡店、餐廳之中，你最好選擇並列的位置，如果你選擇面對面式的座位，便沒有機會去碰觸對方了。

好不容易有機會可以約她出去，卻不知要帶什麼禮物。在這種場合最好帶一朵花，這樣你或許可以爲她將花別在胸前或髮上，那自然就形成彼此間接吻的機會。至於用餐方面，第一次也許要稍微慎重一點，第二次則可以選擇二人套餐式，以增進彼此的親密感。如果你和她能夠大口大口地吃東西的話，你們的關係就不只是朋友，而是情侶了。

在對方成爲你的女朋友以後，很多人苦於彼此的關係無法更進一步。其實，如果這些人不是過於不在意，就是經常讓增進情感的機會悄悄溜走了。

神祕對女性來說是相當重要的。比起他人的介紹或在工作場合中認識的男性，偶然間交往的男子更能吸引女性。如果這種偶然的情形重複發生的話，那女性必定會深信緣分的存在。但是能創造出第二次的偶然嗎？其實這是每個人都做得到的。如果你無論如何都希望與某位女孩會面的話，你可以詳查她的上下班路線以及其他相關事項，製造第二次偶然的機會就容易得多了。

接受女性視線才能做個成功的男人，女性總有注意男性眞面目的本質存在，所以在了解男性眞面目並非自己所喜歡的類型時，多半會藉機逃脫，若能配合她的喜好，進行一些改變是最好的。而且記憶力較好是女性特徵，有些男士已經忘了的一句話，女性卻記得非常清楚，所以你最好記住你對她說的每一句話。

在贈送禮物方面，如果你追的美眉喜歡小物品，你可以送戒指、手錶或是小掛件（手環、項鍊）之類的，如果她喜歡的是大型物品，你可以送大型玩偶或是大而種類多樣的花束，都可以贏得她的歡心。一般來說，喜歡小物品的大多是較成熟的人，因爲這些物品可以放在自己能控制的範圍中，因此多半不會隨心所欲地有所行動；而喜歡大玩偶的女性則多半還有一點孩子氣，所以當她高興時，可能會纏著男友不放，不過也有可能在抱膩玩偶後，就不想再擁抱你了。在這方面，喜歡小物品的女性雖然比較會讓你破費，但似乎比較容易培養長久的愛情。

女人是一種既可愛又恐怖的動物，和男性的不同主要在於女性都有兩面個性，表面看起來相當柔弱，但實際上卻有剛強的潛質。不善於追求女性的男人，容易屈服在這種剛強之下。不習慣面對女人的這種兩面性的男性，對於女性的言語或笑容會加以屈從，變得沒有主見。

女性大致上可分爲兩種：一種是對能把自己抬得高高在上的男人相當迷戀，而另一種著迷於總是對自己貶損諸多的男人。不善於了解女性的男人，總是將女性美化，所以很難一針見血地提出客觀的見解。相反，對善於與女性交往的男人來說，即使他們說些俏皮話或謊言，也能臉不紅氣不喘，所以在他們周圍經常都會有好的機會出現。

不要以爲要到電話號碼，或者約會一兩次就能掌握一個人，其實不是。女人是善變的，即便是你擁有了與她共進晚餐的機會，也不見得你就能成爲她的眞命天子。

其實，你可以在搭訕後進行「行爲攻勢」，可以很有耐性地每天發簡訊問候，也可以定期送花給她。每天的問候持續時間不要太長，最好就前半個月。不然，時間久了自己也沒話說了。

接著，你就可以將攻勢轉爲「欲擒故縱」。你長時間地給一個人發問候，突然有一天沒有了，那麼，任何人都會覺得生活中缺少了些什麼。這個時候就是你展開攻勢的最佳時機，你可以買一束鮮花，出現在她公司（住屋）門口。切記，最好是晚上，因爲下班後的時間比較充裕。看到那個心動的她，舉起花，開始你的進攻吧！

有些「搭訕犯」會抱怨，當時搭訕得太匆忙，以至於自己沒有完全了解到對方的性格。男女間的性格相同當然是最好的了，世上常有某兩個人被稱做「天生一對」。這些人除了在認識之前就有許多共通之處外，當他們共同生活時也有很多相似的地方。

男女間如果能彼此互補也是非常不錯的組合。在老闆身分的女性群中，經常有人會爲了證明自己的收入，表現出自己強悍的一面給別人看。如果你的女伴是這一類的，你不妨找個機會反過來對她撒撒嬌。

女性的自尊心越強，你就越容易抓住她的心。這種女性，所說的和所做的大致上都一樣，最重要的是滿足她的自尊心，所以你有時不妨扮演一下愛情的奴隸。和這些女性相處時，你只要切記——「絕對不和她唱反調」這個原則，追求她們將會意想不到地容易，而且她們往往是很理想的對象。

做這種溫柔的行爲，並不能太刻意，你得掌握時機，用很平靜的態度來做。如果你能對小狗、小貓展現親切的笑容，或是對小花小草顯露愛憐的話，都是相當重要的。此時她必定會想你對這些小東西都這麼有感情，那對女人的情感則更加毋庸置疑，同時她也必定會確信你是一個非常溫柔的男人。這樣你就成功一半了。

「搭訕犯」們自然都是語言精湛的精英人士，所以，對於約會的話術，學過後大多會巧妙地引入。在大部分的戀情式歌曲中，似乎沒有以日當午爲背景的，而且沒有人不會因爲看見海邊的夕陽而沉浸在感傷中。

一段戀情總是得先沉浸在感傷中，感受到一個人獨處的寂寞後，才能體會到情感的滋味。如果一位女性認同上述情景的話，那她一樣會接受這段情感。有人認爲女孩子很容易被人騙，但是眞的是這樣嗎？

事實上，女孩子在面對心目中的白馬王子時，會有即使被騙也心甘情願的想法。所以當她們面前出現一位氣質不錯的男人時，這些女孩子大概會以自己的願望，來賭一賭運氣。

所以搭訕的最終法則，是讓對方對自己死心塌地，與一個陌生人相識我們還能期盼什麼呢？無非是以後好好相處、常聯繫之類的。搭訕時的話術和注意事項固然重要，但是在搭訕後穩固套牢才是根本。

長久擁有一份感情的終極法則

爲了避免在搭訕中被拒絕，你需要加強搭訕環節的溝通品質，儘量給女孩留下深刻又安全的印象。現場約會是有效避免不接電話的手段。但後續跟進要做哪些工作呢？

1．發簡訊

後續初期，用簡訊的形式，對方一定能看得到，有時間就會回覆。如果打電話，可能女孩工作正忙，就不會接電話。

要到號碼以後多久發簡訊較好？有人說隔幾天再發比較好，這樣顯得不那麼急迫黏人。這種說法很有道理。但在很多情況下，10分鐘後女孩就不記得你是誰了，大家都太忙，干擾也太多了。

所以，最好是在要到號碼後馬上給女孩發一條簡訊，有時候是告訴女孩你的名字，因爲搭訕時候沒來得及自我介紹；或者是對於搭訕過程的一個評論——「突然想起來你竟然穿著拖鞋逛商場啊」；或者是一句問候——「你還在陪朋友逛街嗎？」

如果女孩沒有立即回覆你的簡訊，你就換個時間再發一條簡訊。好多時候只是她手機沒電或關機了，有些時候是她不知道該怎麼回答，猶豫不決放在那裡。

有些時候，你可以發送些好玩的心理測試；有些時候一句簡單的問候，像是——「我在等車，你下班了嗎？」就夠了。如果你不知道怎麼發送好玩的簡訊，可以上網蒐集一些這類的素材。

經過一段時間的簡訊交流，通常是一兩個星期，你們雙方有了一定的熟悉感和信任感，這個時候你就可以給女孩打電話聊聊天。

2．打電話

女孩聽過你的聲音可能會覺得你是個好人，雖然你可能經常在簡訊和QQ裡裝成流氓。許多人對美女有恐懼，不敢打電話，用簡訊來逃避聲音溝通。

簡訊溝通太久又不升級溝通方式，女孩會對你失去興趣。對一些性格直爽或工作忙碌的女孩，最好一開始就用電話溝通，她們討厭男人婆婆媽媽地發簡訊。

第一次打電話該聊些什麼呢？開始最好是一種隨意問候的態度，在女孩對你還沒有太多興趣和熱情的時候，你不要拿著電話不放。裝熟的辦法很實用，如果你打電話的口氣好像對方已經是認識多年的朋友，女孩也會漸漸進入角色。

3．用LINE聊天

很多女孩喜歡用LINE聊天，即使她有你的電話，也會喜歡和你「賴」上聊。簡訊和LINE這種即時通訊工具，能讓你有充分的時間思考如何應答，能讓擅長文字的人有更大的發揮空間。

懂得與人相處，可以讓你少走彎路，儘早成功。其實，每個人要取得成功，僅有很強的工作能力都是不夠的，你必須兩條腿走路，既要努力做好自己分內的工作，又要處理好人際關係。

愛情本身就是一項事業，是關係著一生幸福的事業，它需要用一生來經營。對於愛情，不能奢望它過於完美。一屋不掃，何以掃天下？連愛情都經營不了，還拿什麼去經營事業、經營人生呢？朝三暮四，放手就後悔。無論你做哪項事業，能夠今天換這個，明天換那個嗎？哪項事業不需要一個培養期呢？

戀愛是另外一所大學，它的課程是「如何經營愛情」。在戀愛大學結業有兩種形式，一種是失戀，一種是結婚。一種是留下傷痛和快樂交織的回憶，一種走向紅地毯鋪就的婚姻殿堂。

樹立搭訕堅定持久的形象

與人相處是一門藝術，是我們在社會生活中的一種必然行為，也是我們每天生活中的重要內容之一。搭訕之後，要與被搭訕的對象相處得更好，那就要樹立持久的形象。

我們所有的行為幾乎都與別人有著千絲萬縷的聯繫。工作中我們要與領導、同事、客戶相處；生活中我們要與家人、朋友、陌生人相處。

所以，誰都無法躲開這種行為藝術而成為孤立的個體。那麼這就成了一門學問，不管你有多高的文化、多大的本事，如果不懂得與人和諧相處，也必定是一個失敗的人。

與人相處需要注意最基本的幾點。

1．低調做人

有人覺得低調是一種無能、懦弱的表現。其實低調是一種境界，一種智慧，一種寵辱不驚的沉穩。尤其在與上司相處時，低調更是一條不可跨越的警戒線。

適當地表現，讓別人看到你的卓越之處，是有益的。但如果把張揚、炫耀當成贏得別人重視的手段，則會適得其反。不但會失去好人緣，還會因居功自傲、過分表現、自以爲是等，招致別人的反感。

謙虛是一種美德，更是一種潛在的力量。孔子說得好：「君子做事不自大，居功不自傲。」謙虛使人受尊敬，自大使人遠離朋友。

2・以和為貴

在傳統的處世哲學中，「中庸之道」被奉爲經典之道。奉行「中庸之道」的人，常常被一些自視清高的人認爲是「老好人」，缺乏主見。其實中庸之道是遵循「以和爲貴」的理念。

和諧的人際關係是一個人生存的基本，也是圖謀發展的必要前提。當今社會，人在溫飽之後最希望得到的該是「自我價値」的體現。所以，不要一味地否定和批評別人，要學會賞識、讚美和肯定他人。

嘗試換位思考，站在別人的角度來看待事物，而不是只強調自己的感覺和需要。這不僅會令自己的工作變得輕鬆，還可以拉近人與人之間的距離。

3．笑顏常開

微笑是一種令人看了舒心、清爽的表情，是綻開在臉上的最燦爛的花朵，給人以溫暖與親和力。它會令第一次和你見面的人印象深刻，它可以在瞬間縮短人與人之間的距離，更會令你在生活的各個方面受益。

戴爾．卡耐基說：「一個人臉上的表情比他身上穿的更重要。」微笑是沒有國界的語言，再沒有什麼比你臉上的微笑更重要、更有價值的了。

4．退一步海闊天空

寬容是人生難得的境界，是一種超乎物質的寬廣平靜的心態。能夠寬容別人的人，一定有一顆像天空一樣寬廣的心，能容下天地萬物，更重要的是，寬容能感染別人。寬容地對待你的對手、敵人，在非原則的問題上，以大局為重。不是放縱錯誤，而是包容對方的短處。被寬容的人會用同樣的方式寬容他人。

同時，寬容也是一種策略，以委婉的方式化解了矛盾與衝突，會顯示出你的理智和遇事不亂的風度。而爭強好勝者，必會導致受身外之物所累，失去做人的樂趣。

另外，在與人相處的時候，不應該對人太苛刻，要尊重他人的處世方式與人生哲學，不能吹毛求疵。又批評又說教，沒完沒了，別人便會對你敬而遠之，你自然難以得到朋友。同樣，如果發生了矛盾，而對對方耿耿於懷，那關係自然無法融洽。反之，自己具有很大的度量，從大局出發，矛盾自然化解，人生之路走得也自然順暢。

5．心寬路廣

現在社會的節奏日益加快，各種事物也跟著節奏的變化而變化和發展，所以我們的認知也要不斷地更新，同時保持一種平和的心態。

完全受制於別人，就會失去自我，而完全不接受外界事物甚至保留自己的偏見，也會對自己交往的人和事物產生不客觀的評價。而保持一種平和的心態，用客觀公正的態度對待別人，時時檢察自己，嚴以律己，並根據實際情況不斷調整自己的期望值，這樣自己不會對社會、人事等產生失望之情，同時也不會因爲誤會而導致與他人的不愉快。

人在性格、愛好、習慣等方面有很大的不同，對事物的認識與理解也不盡相同，所以我們不能一廂情願地要求他人與自己一樣，不能以自己的標準和經驗來衡量他人的所作所爲，要承認他人與自己的差別，學會接納別人，並包容差別。不要企圖去改變別人，這樣做在大多數情況下都是徒勞的。況且，別人與你的觀點或者處世態度的不同，也不意味著別人就是錯的，而你就是對的。

與人相處，保持一顆平和的心態，如果想讓對方符合你的期望值，不妨敬著點，千萬別貶低別人，並且要控制好自己的情緒，不要讓自己的情緒在關鍵的時候跳出來，傷了別人，也傷了自己。

6．知恥而後勇

「你希望別人怎樣對待你，你就應該怎樣對待別人。」與人相處的時候，我們的尊嚴不能丟，但也要保護好別人的面子。眞正有遠見的人，會在人際交往中爲自己積累「人緣」，同時給對方留有相當大的迴旋餘地。說話不能太刻薄，應該找到利益與自尊之間的平衡點。你希望別人尊重你，你首先就要把別人放在心上。

這樣下去，在搭訕之後，自己的堅定形象就會樹立起來。信念是堅實的基石，只有它才能支撐起高樓大廈；信念是燦爛的陽光，只有它能讓大地變得光明燦爛；信念是鮮花綠草，只有它能讓大地滿園春色。

因此，要想讓自己的搭訕成功、完美，就先將自身的堅定信念無限擴大吧！讓對方看到你的堅定，從而攀上搭訕的巔峰！

愛情事業相輔相成的作用

愛情是人生的重要組成部分。眞正的愛情能給人以鼓舞，給人以力量，給人帶來精神上的激勵、情緒上的歡愉、生活上的充實，給人創造出工作、學習的良好條件和有利環境，從而不斷推動事業的順利發展。不過，愛情只是人生百花園中的一朵花，儘管它鮮豔絢麗，但並不是唯一。

人生除了愛情外，還有比愛情更重要的東西，那就是事業。事業重於愛情，事業高於愛情。如果把它們的位置顚倒，將愛情擺在至高無上的位置，把愛情看成人生唯一的追求，那麼愛情就會抑制事業的發展，而失去事業支撐的愛情，肯定是結不出人生的碩果。事業與愛情，本質上就是人生的主旋律和第二主旋律，只有這二者配合得當，才能有美好的意趣。

羅素說：「爲了愛情而犧牲事業是愚蠢的，但爲了事業而完全犧牲愛情同樣也是愚蠢的。」因此，那種「若爲愛情故，一切皆可拋」的「偉大」精神是不可取的！

有一項關於愛情與事業的調查，其調查結果如下。70.3％的被調查者認爲——「戀愛在就業前有很大的影響力，在有所選擇時，會對愛情和事業綜合考慮，理性取捨。」

78.9％的被調查者則認爲——「爲愛情而放棄就業機會，可以理解但不推崇，因爲有了事業基礎才有其他精神層面的東西。」

在「把事業放在首位而忽略了愛情」這一項中，44.5％的被調查者表示——「可以理解，因爲事業是基礎。」但是當自己面臨這種情況時，他們會「再三考慮」。其中，41.1％的人不會因爲事業放棄愛情。

超過一半的被調查者不贊同也不反對，利用「談戀愛」而謀取職場高位的現象，他們認爲——「社會上這種現象很普遍，人有時候就是很現實的。」

對於異地戀愛，35.9％的被調查者表示——「距離不是問題，相信眞愛永恆。」如果雙方在各自的城市都有好的工作，那麼就會選擇——「既不放棄工作，又會堅持愛情」的「兩全其美」的相處之道。

有人說：愛情多半是失敗的，不是對終成眷屬的厭倦，就是對難成眷屬的無奈。婚姻是愛情的墳墓，是圍城，擠進去的想出來，在外面的又憧憬著進去。好一個讓人費解的圍城，讓人幸福也讓人痛苦，讓人失望也讓人充滿希望。

其實，在世間的婚姻裡，愛情大都是在平淡無奇中守望，只要能把這種平淡無奇延續下去，也就算成功了。如果不能守望，也不要悲觀失望。天涯何處無芳草，爲何要把自己的感情投入得那麼徹底？非要搞得天翻地覆、雞犬不寧？那只是一種愚昧或者單純的舉動。

愛情是一種相互碰撞的心靈火花，亦即：愛情的作用是相互的！當一方的愛情火花熄滅的時候，不要強迫點燃，即使點燃也難以恢復從前的那種熱度和濃度，只是一種隨時都可能熄滅的火花。因爲，強扭的瓜不甜。

愛情是一種動力，也是一種慰藉。當愛情成爲傳說的時候，那只是人們對美好生活的一種嚮往。只是在不斷地降低自身的成本，想來，不屬於自己的，爲什麼要強迫呢？給別人一個自由選擇的餘地，也給自己一個深思熟慮的空間。

給愛情鬆綁，不要把自已整天置身於一種戰戰兢兢、提心吊膽的心境中，其實當一方開始冷落你的時候，不妨不要理會，慢慢地，他（她）或許就會回心轉意。如果你整天處心積慮地折磨自己，那只是在蹉跎歲月罷了，彷彿慢性自殺一樣，空悲切！

給愛情鬆綁，愛情是兩廂情願的事，如果對方不愛你，你也不要死皮賴臉地纏著人家，那樣只會降低自己的人格和尊嚴。不管是結婚的也好，正在熱戀中的也罷，愛情都是相互的，正如力的作用是相互的一樣。敬人者，人恒敬之；愛人者，人恒愛之。

給愛情鬆綁，不要把自己的時間都花費在不該守望的日子裡。其實在這個物欲橫流的社會當中，愛情的得與失，隨時可能發生。正如我們經歷過水災、地震一樣，吃一塹，長一智，隨時都應做好預防的準備。同樣，當愛情的地震來了的時候，我們就不會傷得太深，也不會感覺到累。

愛情的作用是相互的，如果他愛你，你也要以誠相待。不要辜負愛，不要輕易放棄愛。愛是一種磨合力，時間久了，愛會自動產生永恆性，不需要刻意追求。其實，眞正的愛只生長在平淡的生活中，甚至浸泡在柴米油鹽中，隨著時間的流逝甚至被人們過早地忽略。

愛情的作用相互的。正確地對待愛情，正確地面對婚姻，那樣就少了幾分憂慮，多了幾分瀟脫。拿得起，放得下，以一種超脫的心態生活，相信陽光處處伴你左右！

有人說，愛情是建立在事業的基礎上，如果說愛情眞的需要建立在事業的基礎上，那這未必是純粹的愛情。如果不是純色的，那它又能維持多久呢？或者，沒有事業，就算有了愛情，也遲早會在柴米油鹽的包圍中，失去它原本的美好。

所以，愛情是貫穿事業的靈魂，事業是愛情的基礎。有人卻說，事業需要愛情的催化。但有些愛情是靠事業來支撐的，千萬不要因爲愛情而放棄事業，也不要因爲事業而放棄愛情，沒有事業就沒有愛情，有了愛情未必就有事業。

有人也許要問：事業與愛情可以並肩向前嗎？怎麼說呢，這個因人而異。但是，事業確實比愛情更重要一些。但愛情卻有一種無比的魅力，特別是在你孤單的時候，當你的成功無人喝彩的時候，當你受到挫折無處訴說的時候，當你一個人在外面散步的時候……當然，還有人說，擁有了愛情，就可以拋棄一切。

這個觀點，其實不值一提。因爲這是一個非常錯誤的觀點。愛情與事業是一個全圓，人生應在充實的事業中開拓出愛情應有的位置。在事業上凝結的愛情，有更活躍、更強大的力量。愛情有助於事業成功，但事業高於愛情，愛情以事業爲基礎，事業是愛情的紐帶和源泉。

有句格言說得很好：「有愛情的生活是幸福的，爲愛情而生活是危險的。」如果說愛情是一朵鮮花，那麼它只有札根在事業的沃土裡，才能開放得鮮豔奪目。

若把愛情看得高於一切，那不僅會破壞愛情，而且很容易葬送人生及事業。被稱爲「俄羅斯文學之父」的偉大詩人普希金，就是爲了追求莫斯科第一夫人娜塔利亞，與一貴族決鬥而飲彈身亡，毀滅了輝煌的事業與人生。

眞正的愛情是能夠喚起雙雙衝鋒出擊的號角和戰鼓，可以凝聚成戰勝人生各種困難的無窮力量。每個處在戀愛中的年輕人，都都應該認識到，愛情只能從屬於事業，從而全力以赴地奔向事業的戰場，千萬不能爲了一時的浪漫而暈頭轉向。

調查發現，事業成功的男人回到家大多數是沒有聲音的，只有那些在外面失敗的，才會把氣撒在家裡。

很多男人努力追求事業，目的是什麼？無非是要一個很炫的頭銜，什麼總經理、總監、總工程師、教授、律師……頭銜越大，可以享受到的就越多，愛情資本才夠高，才能保證他們的愛情貨源不斷或相對穩定。

男人沒有事業，是很慘的。領失業救濟金的帥哥，哪個女人敢要。但上市公司的老闆卻成爲績優股，有錢有閑，儘管他長得實在叫人不敢恭維。但開得起進口轎車，買得起任何名牌貨的成功男人，用輝煌的事業換得多個愛情，身邊總有汰舊換新的鶯鶯燕燕，這足以證明他們的愛情魅力高燒不退。

假若世界上沒有女人，我想他們就不會有現在這樣的工作熱情了。所以，男人是感性的。男人沒有情，就失去了打江山給美人的動力。因爲他們認爲女人視男人的頭銜高低比其他更爲重要，名利成就及其所附帶的物質內涵。在二十一世紀的男女關係中起什麼樣的作用，是男人們毋庸置疑的。所以說，事業只是換得愛情的手段，男人終究要的是愛情。

其實，世間萬事萬物，沒有完全絕對的。事業重要還是愛情重要？事業與愛情並不是一對矛盾體，並不是追尋了愛情就不能搞好事業。相反，事業與愛情常常是相輔相成的。有了好的事業，往往會帶來甜蜜的愛情。當然，有了愛情，事業更會水漲船高。

愛情給人以美好的生活，事業給人以前途和光明。如果把人生比做搏擊風浪的航行，那麼事業是船，愛情是船上的帆，二者將合力把你推向事業勝利的彼岸。願你事業、愛情雙豐收，加油吧！

搭訕後的鞏固練習

搭訕後的鞏固是必不可少的，要知道，很多「搭訕犯」都是在搭訕後失敗的，原因不外乎是搭訕後就沒有話了，好幾個月沒消息，然後突然在某個無聊的時間想到對方，這樣自己的搭訕，就前功盡棄了。

所以，搭訕的時候應該要明白一個道理，並不是搭訕成功就沒了下文，以後的長久經營才是王道。下面是「搭訕犯」阿偉的一次搭訕經歷——

一天，阿偉想去添購幾件衣服。那天男裝區很火爆，所以阿偉決定在外面等一會兒。過了沒多大會兒，一個氣質美眉出現了。

阿偉仔細觀察了一下，這個女孩大約23歲上下，身高一七〇左右，身材相當好，人也長得很漂亮。

女孩在男裝區挑衣服。阿偉心想：不會是有男朋友的吧？不過為了自己的幸福，阿偉還是決定上前試試。這是一次以戀愛為基礎的搭訕，自然比普通搭訕多了些目的性，不過套路都是一樣的。

在女孩挑衣服的時候，阿偉走到她面前。女孩並沒有注意到他，阿偉拿了女孩之前看過的一件衣服（女孩對這件衣服糾結了很久），仔細地看了一會，又拿在身上比了一下，轉頭對女孩說：「美女，麻煩你幫我看一下這個衣服適合我嗎？」

女孩轉過頭仔細打量阿偉（看來她觀察得蠻仔細的），然後微微一笑說：「不是特別適合你！」

阿偉大呼一口氣假裝有些無奈地說道：「我要去開會，不知道穿什麼好！美女你可以幫我參謀一下嗎？」

那個美眉很熱情，立即點頭答應，這自然算是搭訕初步成功了。

美眉一直在爲阿偉講解穿衣學說，她竟然是做形象設計的，怪不得！

於是進行到下一話題：「你來這邊是……選男朋友的衣服？」

美眉笑：「不是啦！是選我爸爸穿的衣服，我還沒有男朋友。」

阿偉心裡正高興呢，美眉拿了件休閒外套在阿偉身上比，然後小心地對阿偉說：「這件可以嗎？」

阿偉哪有心情看，就隨口說了句：「哦！很不錯！」說完阿偉就有些後悔，如果沒有選定，大概可以再多轉轉。

於是，阿偉打包了那件外套，又陪美眉選了要給她父親的禮物。阿偉突然想起應該要聯繫方式，便對美眉說：「以後如果我想選衣服還可以找你幫忙嗎？」

女孩很熱情地答應了，並留下了聯繫方式。一次完美的搭訕，成功！

既然阿偉是抱著戀愛的目的去搭訕的，因此他決定趁熱打鐵向美眉發起猛攻。但他並沒有急著給美眉發簡訊或者打電話，而是回家後就開始計劃之後的行動。

第二天，阿偉藉口要買衣服約美眉出來，兩個人在咖啡廳見面，買衣服的想法也成爲泡影，最後一直在咖啡廳聊天聊到很晚。

美眉名字叫王珊，比阿偉小兩歲，兩個人就在交談中成了好朋友。女孩以爲阿偉只是單純想認識自己，或者是巧合，不過接下來阿偉的做法卻深深地打動了美眉。阿偉天生浪漫，也善於製造浪漫。

女人最抗拒不了的東西無非是鮮花、驚喜、約會、告白。

鮮花自然有，每天一朵，插在美眉家門口；簡訊則每天必發一條。

這樣過了100天，一次精心的約會，將兩個人的關係推到了頂峰。

阿偉懂得把握搭訕後的鞏固，所以他才能成功地把美眉變成了女友。

一般來說，和美女初步認識後，有兩種情況，要區別對待。

第一種，你的自身條件比較好。例如，你比較帥，比較有錢，或者有社會地位，那麼你可以走稍剛猛些的路線，就是直接表明意圖，循序漸進。一般條件好的美女，不會直接答應你的追求，可她會在你的不斷追求之中觀察你，不斷地測試你，然後慢慢地嘗試著接受你。

走這條路線的人需要注意一個問題，要切記剛中有柔，尊重她的意見，不要給她壓力，千萬不要給她和她的朋友，留下自以爲是的印象。

有位男士就曾經犯過一個這樣的錯誤，剛開始時表明態度，而且非常小心翼翼，但是女人一旦流露出對他的好感，他就馬上對她有了過多的要求，比如在她不方便時強求送她回家，有時會不喜歡她和其他男人在一起。

須知女人的心是極其善變的，在沒有鞏固到一定程度時，任何錯誤的言論和動作，都有可能破壞你以前辛辛苦苦的努力。所以，這個過程要講究一環扣一環，任何一環出了差錯，都有可能破壞全域。

總之，就是要尊重她的意見，不要給她壓力，儘量和她形成彼此間的互動。只要你的自身條件屬於第一種情況，而且做得很好，剛中帶柔，那麼這個女人終究會變成你的人生伴侶。

第二種，你的自身條件沒有那麼好。在這種情況下，你得走一走迂迴的路線。相對於第一種的剛猛，這個可稱之爲柔和路線。剛開始認識一位女性，不要著急表明態度，先以普通朋友自居。然後在不斷的接觸過程中，慢慢展現自己好的一面，讓她對你的感覺慢慢升溫。這個過程說白了就是培養感情的過程，用語言和動作挑起她對你的興趣，如果你屬於第一種情況，這種方法同樣適用。

走柔和路線的人需要注意一點，就是不可一味地柔和，這樣很容易讓女人覺得你懦弱。到了一定程度，該剛猛的時候還是要剛猛，要做到「柔中帶剛」。

說到後期和女人的相處中，培養感情是很關鍵的一環。懂得如何培養感情，能夠很好地激發女人對你的興趣，會讓她經常想著你、念著你、回味著你。

當你用含蓄的話語表達出你對這個女人的關心、貼心，並且找准她的需求點，直接觸動她內心最深處的東西時，何愁這個女人不對你動情呢？但這句話說著容易，眞正要做起來還是有一定難度的，所以需要我們多練習。熟能生巧，如果你能堅持平均每天給心儀對象打個電話，練習一下如何培養感情，那麼用不了多久，你就會大有長進。

其實不光是在和女人相處的後期，你在最初認識一個女人的時候，培養感情就已經開始了。在搭訕一個女人前，如果有條件，你要盡可能做到先觀察，分析她需要什麼，她是一個什麼樣的人。在做了一個基本面的分析之後再出擊，基本上就可以做到一箭中的了，不光搭訕成功，而且她會認爲你很了解她，很懂她。

每次搭訕都有個固定模式：初次接觸——自我引薦——相互交談——心懷重聚的希望——結束談話。搭訕後每次和對方約會的時候，都應該談些對方比較感興趣的東西，比如對方喜歡到某家咖啡廳，是因爲有朋友告訴她那裡有免費上網服務，她很樂意試用。在此種狀況下，一個使談話進行下去的不錯建議，可能是詢問在城裡還有什麼地方提供此類無線上網服務。如果你對無線網路不是很了解，不如乘機向她求教。再請教的過程中幽默一點，展現你的個人體驗。

如此編織你與對方之間的聯繫，進而創造下次交談的話題。爲確保你們是在有效交流，而不是簡單地問和答。請記住以下四個要點——

(1)無論什麼故事都要留點懸念，這樣對方問起來你才有話可說。

(2)盡力將談話引向對方，比如：「你怎麼看？」或「是你的話會怎麼做？」

(3)在自然的問答中，讓你的「同伴」完成另一半談話。

(4)不要在同一話題停留太久，如果此話題確實吸引人，那就順其自然吧！

之後，依舊要引用搭訕的要領，讓每一次鞏固練習都達到有新意，令對方喜歡與你在一起。

好人緣是巧妙的人脈攻勢

對於搭訕後的生活，你必須重新認識一下，既然搭訕了對方，並且想往好的方向發展，就要將這個人融入自己的生活。最容易讓對方了解你的方式，就是通過你的朋友！所以你對待朋友的狀況，以及你的人際關係，都將是美眉選擇你的關鍵性問題。

人緣，說到底就是個人與眾人的關係。影響人際關係的主要因素不是個人的言辭和技巧，而是自身人格的完善和具有良好的品德基礎。當你孤單一人闖入社會這個大舞臺時，首先需要獲得的便是一個良好的社會關係。好人緣，將是你走向成功的最大資本，是你的巨大財富。擁有好人緣，事業上會順利，生活上會如意。

但好人緣並非天生就有，它需要你付出後天努力。想一想你在對待同學、朋友時，是否做到了尊重、禮貌、友好、誠實、關心和信守諾言。如果你所扮演的是一個自命不凡的角色，那你的人際關係必然緊張，因為任何人都不願和一個虛偽、冷漠、不負責任的人打交道。

一個人的內涵比言辭更能影響自身的人際關係。處世技巧再高明，話說得再動聽，沒有充實的內涵，也很難得到人們的信任，就像沒有播種卻期望得到收穫一樣。

眞誠建立在人與人之間信任的基礎上。在做錯事或給別人帶來不便、煩惱時，誠懇的道歉也是眞誠的一種表現。這話說來容易，做起來也許會需要很大的勇氣。此外，同樣的錯誤不應重複，否則你的致歉也會被看做是不眞誠的。眞誠還體現了人格的統一，即以同樣的原則對待所有的人。一個人要想得到他人的尊重，首先要學會尊重他人。「己所不欲，勿施於人」，你不喜歡別人的橫眉冷對、頤指氣使，難道別人會喜歡嗎？

在人際交往中，機智風趣、談吐幽默的人往往擁有更多的朋友，大多數人不願同動輒與人爭吵或者鬱鬱寡歡、言語乏味的人交往。幽默可以說是一種潤滑劑，它使煩惱變爲歡暢，使痛苦變成愉快，將尷尬轉爲融洽。

接受過他人無私的幫助之後，應當在心中長存一份感激，這會使你的人際關係更爲和諧。情感的紐帶因爲有了感激才會更加堅韌，友誼之樹只有靠感激來滋養，才會枝繁葉茂。

對待自己的搭訕對象，要讓她看出自己的好人緣。有時候搭訕就是一次旅行，對方選擇陪自己旅行的人，一定是能夠讓自己有安全感的人。所以，對待朋友好的人，是她們的首選。搭訕也是一次冒險，一部分可能會因此獲得一份很好的友情、愛情或者事業。而另一部分人則可能會受到打擊。

一個擁有好人緣的人，可以輕而易舉地俘獲對方的心。要知道，就算是單純地從做朋友開始，你也已經比別人多了很多的機會。所以，不要再愁眉不展了，努力地把自己的人脈都搬出來吧！讓他們助你一臂之力，早日搭到心儀的對象。

總結起來，搭訕無非就是人與人交流和自身魅力的展現，搭訕的最終目的是讓人開心，或者得到自己想要的。通過搭訕，希望大家都能對自己的人生有個更好的詮釋。

第5章

推銷員的搭訕聖經

第一次接觸，如何讓客戶自願停下腳步

開場白是銷售人員與客戶見面時前2分鐘（如果電話行銷的是前30秒）要說的話，可以說是客戶對銷售人員第一印象的再次定格（客戶對你的第一印象，取決於你的衣著與言行舉止）。雖然我們不能用第一印象去評判一個人，但客戶卻往往用第一印象來評價我們，這決定了客戶願不願意給我們機會繼續談下去。

這裡值得一提的是，如果是你主動征得客戶同意會面，你的開場白非常重要；如果是客戶主動約見你，客戶的開場白就決定了你的開場。一般來講，開場白包括這樣幾個內容：感謝客戶接見你並寒暄、讚美；自我介紹或問候；介紹來訪的目的。（突出客戶的價值，吸引對方。）

以下是約見客戶的具體過程。

1．約見的方式

約見的方式主要有直接拜訪、電話、傳真、信函、會議發佈、簡訊、LINE、電子郵件等。這裡，側重地講述幾種方法——

(1)傳眞。最好限定在1～2張，最多3張。發送多了，客戶就會煩，不願意看。

(2)簡訊、LINE。發簡訊、LINE的時候，要好好地設計、斟酌用字遣詞。這裡我告訴大家一個技巧，發信時，打上你企業的網址。你可以這樣說：「詳情請點擊：www……」不要小看這一點，它能夠省去你很多的時間和口舌，省去你不必要的電話費和傳眞費，並且效果好。

(3)電子郵件。唰、唰、唰……群組電子郵件，1秒鐘可發幾百、上千個郵件。現在有這樣的公司，專門爲搞業務的發電子郵件，省時、省錢，而且效率高。

上述方法一般都要綜合運用，現在最常用的模式是——「電話＋電子郵件＋網站」，這個模式最先進，是我們最現代化的行銷武器。而不是「電話＋傳眞」，因爲電腦、網路是最省時、省錢、省力，效果也最好。

2.約見的模式

撒網——跟進——確認。

一、撒網

什麼是撒網？用通俗的話說，就是向目標市場大面積地發資訊，把我們專案的資訊準確無誤地發送到潛在客戶的手裡。

要注意，這個網一定要撒得大，撒得廣。因爲我們只知道某一個地方可能有「魚」，但不知道具體的「魚」到底在哪裡。所以，要把「魚」一網打進，我們的網一定要張得大，這樣才能把魚一條不漏地全部捕獲。

撒網用什麼樣的工具？這裡著重地講一講電話撒網的方法。通常有兩種——

①手裡有一把手的電話，直接打給他。你可以說：「喂，李總，您好！我有個重要的傳眞，請您接一下。」或者說：「喂，您好，李總！我是××委員會的，我們正在舉行××活動，我們想邀請您參加。我這裡有份材料，您看是發傳眞還是發電子郵件？謝謝！」然後，你把資料傳過去。

②手裡沒有一把手的電話，這個時候你就要過關斬將了。大家都知道，大公司一般都有祕書擋駕，他們都有一套應付找老總的電話。你打電話過去，一般情況下，對方會問你：「請問你找他有什麼事嗎？」、「你跟他約好了嗎？」、「他認識你嗎？」等等。如果這個時候，你沒有一套應對的方法，就很可能會敗下陣來。祕書們一般會說：「老總不在」，「老總在開會」等等。

這時候該怎麼辦？這裡有以下兩種做法——

a. 直呼姓名。一般可以這樣說：「喂，您好！請給我接李濤的辦公室。」爲什麼不說李總經理，而要直呼對方的姓名？因爲你客氣地叫李總，對方會認爲你是一般的業務關係或者是來辦事的，祕書就會公事公辦。而你親切地直呼那個老闆的姓名，祕書就會認爲你是老闆的鐵哥們或者是親朋好友，所以就不敢怠慢你了。

b. 用高品牌施壓。用你的品牌給對方造成壓力。你可以不斷地重複你的單位和姓名。比如：「喂，您好！我是××委員會的張××，請給我轉接李濤的辦公室。」有的祕書不吃這一套，會問你：「找他有什麼事？」或者說：「你跟他約好了嗎？」、「他認識你嗎？」等等。這個時候，你可以繼續說：「我是××委員會的張××，請給我轉接李濤的辦公室。」這位祕書很牛，就是不買帳。這個時候你還是繼續跟她說：「你告訴李濤，我是××委員會的張××。」

反覆說兩三次，如果對方還是不就範。這時，你就不要蠻了，要退一步，說：「是這樣的。我們正在開展一個活動，我們要親自邀請李總參加。請你轉一下，好嗎？」如果對方還是不就範，那你又要退一步，說：「小姐，請問你的芳名？噢，愛麗小姐，我這裡有一份資料，你看是傳真呢還是發郵件？請你一定轉交給你們的老總，並給我回話。好嗎？好，謝謝！再見！」爲什麼要問她的名字？主要是加強她的責任感。

發過去了，你估計李總看得差不多了，就打電話過去：「喂，李總嗎？我是××委員會的張××。剛才傳過去的材料，有什麼不清楚的地方嗎？」然後，你停下來，讓他說話。你萬不可這樣問：「您參不參加這個活動？」如果他回答說不參加這個活動，那你就沒戲了。

二、跟進

跟進的時候，如果有比較長的話要說，你可以先這樣說：「喂，李總，您好！我是××委員會的張××。您現在說話方便嗎？」如果你打他的手機，你可以這樣說：「您身邊有座機嗎？我打過去。」

你這樣說，對方會認爲你比較理解他、體貼他，因爲手機是雙向收費。或者這個時候對方正在開車，或正在開會，或身邊有人，談這個事不方便、不合適。接著你就可以說你想和他溝通的話，不管對方是否認同，他至少會聽你把話說完。

跟進是進一步溝通的契機。資料傳過去，對方有不明白處，就會向你諮詢，你就要排難釋義。但大部分的時候，都會提出一些反對性的問題，這個時候你就要應對。一般有哪些反對性的問題呢？在操作實踐中，經常會碰到以下幾個問題——

①「我很忙，沒時間。」

應對一：張總，我知道您很忙，所以打電話來跟您約時間。我不會耽誤您很多時間，只要十幾分鐘就可以了。但這十幾分鐘，也許對您的企業有很大的好處。您看，您是明天上午還是下午我們見個面。我知道你很忙，我們正在開辦一個課程，就是如何讓您不忙，而且讓您提高工作效率，……我們這個講課的老師是……

應對二：我知道您並不是沒有時間，而是您認爲這個事情沒有價值。如果有價值的話，我相信您再沒有時間也會擠出時間來了解。比如說，您來這裡馬上就能夠讓你賺上百萬上千萬，您會說沒有時間嗎？……您說對嗎？

②「我對這個不感興趣，請你找其他公司吧！」

應對一：張總，我非常理解您的心情。當您不完全了解清楚這個項目的時候，不感興趣是很正常的。您不了解就感興趣，反而就奇怪了。我相信，您眞正了解這個項目之後，會很感興趣的。

應對二：您不感興趣，也沒有關係，就當了解一個資訊。現在是資訊時代，資訊就是財富，說不定這個資訊不是您想像的那樣，也許您會從這個資訊裡面得到意想不到的收穫。反正多了解一個資訊沒有壞處，也不會吃虧。我不會耽誤您很多時間，只要十幾分鐘就可以了。您看，明天上午還是下午我們見個面。

③「我們的經費很緊張，有機會再合作吧！」

應對：現在每個企業的經費都很緊張。就是再有錢的單位，也總是缺錢。現在的關鍵是如何把有限的資金用在刀刃上，讓它發揮最大的效益。如果花小錢能辦大事，能提高10～20倍的效益，我相信您一定會擠出錢來辦這個事。現在，我們的這個活動就能達到這樣的效果。我不會耽誤您很多時間，只要十幾分鐘就可以了。您看，明天上午還是下午我們見個面。

④「你先傳個資料，我們研究一下，再跟你聯繫。」

先判斷眞假，大部分都是假的，如果你眞的等他的回話，你等到眉毛鬍子白了都等不到。有兩種應對方法——

應對一：好，你們儘快研究。星期五我正好路過你那裡，我過來一下吧！

應對二：好，我知道您是大忙人，乾脆這樣，星期五，我再打電話過來。

⑤「你怎麼知道我手機號碼的？你怎麼可以亂打（發）？」

應對一：王總，您先別急。現在是資訊社會，您的手機是用來聯絡的，對嗎？至於我從哪裡得到的並不重要，重要的是今天我給您傳達一個重要的積極資訊，您多知道一個資訊總沒有什麼壞處，也許這個資訊可以給您帶來意想不到的收穫。（如果他說：什麼資訊呀？你就接著說：我們這個資訊是……，如果他不感興趣，你可以這樣說：王總，您不感興趣，沒有關係，就當交個朋友吧，我叫××，今後歡迎保持聯繫。打擾您了，再見！）

應對二：您好！王總，我們是在××會議上認識的（您手上搞來的名錄是××會議的名錄，但您並沒有參加）。我叫××，您可能忘記了，但我對您的印象非常的深刻。是這樣的，我這裡有個非常好的資訊想告訴您，這個資訊是……

⑥「你這個人煩不煩啊？老跟我打電話？」

應對：王總，您不要生氣。如果業務員都像我這樣，你們公司的業績早翻番了。您說對嗎？就當我給您個資訊吧，如果您覺得這個資訊有用，您就吸收。沒用，您就當多了解一個資訊吧，這沒有什麼壞處。

三、確認

通過上面的工作，可能會出現兩種情況。一是對方有意向，約見成功。這當然好，你就可以確定時間、地點，進入下一步的「面談」。二是對方沒有意向，約見失敗。這很正常，因為推銷事業是個「大數法則」，不可能人人有意向，我們應該只有1％成功的思想準備。

我們之所以要花大量篇幅來講這兩部分，是因爲這兩部分非常重要，現在大部分的業務員都在這一關倒下去了。

爲什麼會倒下去？因爲前面的工作沒有準備好，爲後面的失敗埋下了隱患。問題都在這個環節暴露出來。你前面付出的是什麼，這一關回報的就是什麼。如果你前面的工作準備得好，你就可以減少失敗次數，順利地進入第三階段「面談」。

3．靠面談贏得客戶

在電話約見的時候，就給對方留下一個好印象，並且在接下來的面談中把這個好印象繼續保持發展下去。要做到這一點，我們要注意以下三個方面——

一、注意衣著打扮，言談舉止

人的衣著打扮的確很重要。俗話說，佛靠金裝，人靠衣裝。三分長相，七分打扮。一般人都是先看你的穿著，再聽你說話。你穿得不好，對方就會失去興趣。如果你隨便穿穿，人家就隨便聽聽；如果你盛裝而來，別人就洗耳恭聽。

不知大家是否有過這樣的經歷。在電話裡跟一個小姐談得很好，對方的聲音很甜，你心裡會有種種的猜想，比如猜想她長得肯定很美，她的素質一定很不錯，她的氣質一定很高雅等，會有一種希望很快見到她的衝動。

但有的時候，一旦你們見面，或者還沒見面只是遠遠地看見，就可能使你大失所望。爲什麼？具體也說不清楚，就是一種總體的感覺。這種感覺和原來的想像有很大的落差。就在這一瞬間，你的腦中便會閃出一個非常感性的決定：這人不行！

一位知名講師曾這樣回憶自己被一名業務員約見的經歷。

有一次，有個人約我，對方在電話裡說：「您好！您是李老師嗎？久聞您的大名，上次您在成功論壇上的演講非常棒，我想跟您合作。如果您有時間，上午10點請到××企業家俱樂部來，咱們見面聊聊吧！」

我聽完這些，就對這件事產生了興趣。爲什麼？一是因爲他說得比較得體；二是看到××這個牌子，心想：有點來頭。於是我便接受了邀請。

誰知道，來到××俱樂部的門前，遠遠看見一個人向我們招手，就在這一剎那，馬上對他沒有了興趣。因爲我一看他坐的姿勢、氣質、禮節、裝束，就不是我想像的那種人，還沒有具體談，我就失去了興趣。

有的時候，在別人不是很了解你的情況下，你的穿著打扮會決定你的業務的成敗。對這一點，一位男士深有體會，他在自己的博客上寫了這樣一件事——

有一次，一家公司請我去做主持，還特意安排了一餐飯局。在酒桌上，老闆問：「那個主持來了沒有？」旁邊的人指著我：「那位就是。」

老闆看著我說：「你就是呀？」他當時的表情讓我大爲震驚，我心想：可能是我穿得太休閒，給人的感覺太一般了。

只聽他又說：「那天，你在臺上光彩照人，給人的印象好偉大，和今天的你簡直是判若兩人……

這件事給了這位男士很大的觸動。可見，如果想成爲一個成功的人，你平時就要以成功的標準來要求自己。你不要以爲不在正規場合就可以隨隨便便，或者以爲大家都是熟人，都是朋友，隨便一點沒關係。其實雖然你平時不注意，但別人都看在眼裡，記在心裡。等到需要用人的時候，便不一定會考慮你，儘管你們平時很熟，都是朋友。

因爲別人已經對你定了格，你給別人的感覺就是這樣，很多機會就會與你擦肩而過。所以，要注意養成一種習慣，隨時注意自己的衣著，注意修煉自己的氣質和教養。這樣，到了場面上，你自然就會有出色的表現。

二、大方得體，不卑不亢

跟層次比較高的人打交道，如老闆、經理、董事長等，我們不要認爲自己是個小人物，或者認爲自己只是個拉廣告找贊助的人，這樣心裡就會沒有底氣。因爲你是代表一個組織、一個單位、一個公司去辦事，你要維護你在公司的形象，你要有一種自信。你越是拘謹，別人就越看不起你，你就越沒戲唱了。

一進門，你就要定好基調。如果這個調子沒定好，越談到後面你就越被動。比如，你一開始太尊重對方，一味地捧他，他就會翹尾巴，這樣反而會適得其反。又如，別人給你倒開水，你應該有禮貌地說：「謝謝！」這就行了。你不要表現得太客氣，不要這樣：「好好好，謝謝，謝謝！」點頭哈腰，反覆說謝謝，給人一副奴才相，這樣你會跌了自己的身分，別人也看不起你。

再如，你到外地去談專案，別人看你是代表××部門來的，別人對你很尊重。當然，他並不知道你能吃幾碗乾飯。別人請你上坐，把你當作貴賓。這個時候，你要坐得住，不要像沒有見過世面似的。

你最多來個禮節上的動作：「請！」然後大大方方地坐上去。不要太客氣，跟對方一直推來推去。你越推，就越有一種受寵若驚的感覺。慢慢地，別人就會低看你，就不會把你當回事了。

其實，一切被動的局面都是自己造成的。你要大大方方地去跟對方打交道，你越是卑躬卑膝、低三下四，好像求別人似的，別人越看不起你。這些的功夫，都是要靠你平時修煉的。

三、說一套扣人心弦的話

你開始的三、五句話，必須讓對方產生好印象，讓對方產生興趣。如果你做不到這一點，就要停下來，好好地斟酌一下，讓自己所說的話，動聽動聽再動聽，精練精練再精練。你的話之所以不能打動對方，重要的一條就是廢話太多。什麼叫廢話太多？就是你所說的不是對方想聽的。解決這個問題的方法就是在最短的時間內，掌握一套最有力的話術。

那麼，怎麼說好這套話術呢？

①以寒暄、讚美作爲鋪墊。演戲之前，一般都要先敲一陣子鑼鼓，再開場。你說一個事，辦一件事，一般也要有個過渡和鋪墊。比方說，你要××做一件事，你總要先說

點別的什麼。「××，你最近在忙什麼哪？身體怎麼樣？」「你這根領帶很漂亮」等等。做了這個鋪墊之後，你再說：「××，我給你說個事。」……這樣過渡一下，讓對方接受起來自然就容易多了。

同樣，你到別人那裡，也應該有個過渡。如果你一進門，馬上就說正事，人家的神都沒有緩過來，你就滔滔不絕地說一大通。這樣效果肯定不好。

開場白怎麼說？就是以寒暄、讚美作爲鋪墊。寒暄、讚美的內容可結合現場環境、他本人的特點或他和企業的某個事件來展開。鋪墊的話不能太多，一般三兩句就可以了。比如：

「你這個辦公室眞是氣派，很有品位。」

「你這件衣服很好看，在哪裡買的。」

「上次在××大會上，我聽了你的發言，你講得眞棒……」

「上次電視臺播了你們公司的事蹟，我對貴公司非常佩服……」

「你是南部人吧？聽你口音是台南人，我也是……」

「看你身子那麼挺，好像是當憲兵的，我曾經也在龍潭的……」

……

寒暄不是目的，主要是爲了緩和氣氛，拉近彼此的距離，解除對方的警戒心理，爲下面的談判打下良好的基礎。

②充分展示賣點、亮點，給對方造夢。你今天跟他談的目的，就是要把你這個項目的賣點、亮點充分地展示出來，並且要把你這個項目賣點、亮點保證講好、講深、講透、講足、講活。你不僅要告訴他目前你從這個項目中能得到什麼好處和利益，你還要給他造夢，告訴他未來的利益，讓他看到這個專案與你合作的後續好處。

比如說，你在臺上講話或者與領導交談等場景，可以通過照片、錄影等形式把它們記錄下來。這些珍貴的照片和錄影，有時不是用錢就可以買得到的，這種機會是可遇不可求的。你還可以把它們放大，掛在辦公室裡。

一位廣告業務員曾在某論壇上寫了這樣兩個親身經歷——

有一次，我去一個單位拉廣告。介紹完賣點之後，我接著說：「今天您在我們這裡做了一次廣告，不只是我們的客户，還是我們的朋友。今後您單位上有什麼事，需要我們新聞媒體支援，我們都會在所不辭，大力支持。我們新聞單位結交各個領域的朋友很多，說不定哪天有需要的時候。」

對方一想：「也是。今後，你們有什麼活動，我們也會大力支持。我相信，支援都是相互的，我們不是一錘子買賣。合作，今天才是開始。」大家的眼光都要放遠一點。

又有一次，我如約來到客户的辦公室，開場時說：「陳總，您好！看您這麼忙還抽出寶貴的時間來招待我，眞是非常感謝！（感謝客户）陳總的辦公室裝修得簡潔卻很有品位，可以想像您應該是一個做事很幹練的人！（讚美）這是我的名片，請多指教！（第一次見面，以交換名片做自我介紹）陳總以前接觸過我們公司嗎？（停頓）我們公司是國內最大的爲客户提供個性化辦公方案服務的公司。我們了解到現在的企業不僅關注提升市場佔有率、增加利潤，同時也關注如何節省管理成本。考慮到您是企業的負責人，肯定很關注如何最合理地配置您的辦公設備，節省成本。所以，今天來是想與您簡單交流一下，看有沒有我們公司能協助得上的。（介紹此次來的目的，突出客户的利益）貴公司目前正在使用哪個品牌的辦公設備？」（問題結束，讓客户開口）

從上面的兩個事例可以看出，開場白要達到的目標就是吸引對方的注意力，引起客戶的興趣，使客戶樂於與我們繼續交談。所以在開場白中的陳述內容能給客戶帶來什麼價值。

可是要想在陳述內容中體現其價值並不是一件容易的事，這不僅要求銷售人員對自己銷售的產品或者服務的價值有所研究，而且要突出客戶關心的部分，向他展示出產品的特性。

每個人對一件物品的價值需求是不同的。同樣購買一件衣服，有的人考慮的是衣服的款式，有的人考慮的是衣服的品質，有的人考慮的是衣服的品牌，等等。如果這件衣服有10個好處，顧客考慮2～3個就可能會購買了。因此，如何找出客戶最關注的價值並結合陳述，是開場的關鍵部分。

在展示的時候，要注意以下三點——

第一，儘量利用現代化設備展示，比如電腦、DVD、投影、動畫等等。這樣圖文並茂、生動形象，可以省去很多話語表達。同時，客戶可以充分運用肢體語言加深理解、加深印象，效果很好。

第二，對方在看的時候，我們不要多說話，要讓對方認眞地看。當他看得差不多的時候，你可以適當地加以點撥。有的業務員不注意，當客戶在看的時候，他在旁邊嘮嘮叨叨地說個不停，這樣會攪得別人心裡很煩，根本看不下去，效果當然就很差了。

第三，展示的時候要有層次感，賣點要一個一個地講，資料要一層層地拿。要層層遞進，像剝竹筍一樣，不要一下子把資料全端出來。因為資料太多，客戶就不會看得很認真，抓不住要點。

你要講完一段，就拿出一些資料作爲佐證，或者加以說明，這樣做有理有據，對方也會很清楚明白。這樣做，客戶才會心甘情願地耐心聽你介紹業務。

怎樣用最短時間說服客戶

什麼是銷售？是推銷自己，還是賣商品？簡單地說，銷售就是說話，就是減少被客戶拒絕的機率。

那到底什麼樣的方式能令我們減少被客戶拒絕的機率呢？首先，我們要練習好怎樣說話（即說什麼話可使客戶在最短的時間裡接受你，進而接受你的產品）。

據調查，銷售人員第一次跟客戶見面，通過前3分鐘的交談，客戶就決定是否接受你和你的產品。所以，我們要在1分鐘之內，說服客戶接受我們的商品以及我們自己。這裡有一個公式：FABE。它能幫助我們在最短的時間裡，推銷出我們的商品，從而達到成交。

F（Feature）：特點，獨特的賣點。這就是我們的產品跟同類商品比較的獨特之處。很清晰地明白自己產品的獨特賣點，這樣，你在面對客戶時才會更具有說服力，同時能讓客戶覺得購買產品是個很好的選擇。

在對客戶介紹產品賣點的時候，一定不要使用「最」一類的副詞。當然你還要找到產品以外的賣點：環境、技術、師資力量、售後服務……其實銷售一件商品，客戶在意的還有產品以外的東西，所以找產品以外的賣點也是不能忽視的。

A（Advantage）：優勢。這指的是我們要以我們的產品爲驕傲，同時以自己爲傲。所以我們對產品和自己都要有足夠的信心。有的銷售人員做推銷時，還沒眞正搞清楚他要推銷的商品有何優勢，能帶給客戶什麼樣的好處，首先就給自己暗示：「賣得出去我就賣，賣不出去再想其他的辦法。」這種想法會直接影響成交。一個好的銷售人員除了對產品的各項性能瞭若指掌外，還要對自己有足夠的自信心：「我搞得定！」

例如，銷售新人大都對自己的產品不自信。和他們溝通後就會發現，這種情況的出現主要是對自己的產品了解得不透徹，換句話就是基本功不扎實。銷售人員代表的是整個公司的形象，所以說一定要有自信，不管是對產品還是對自己。

B（Benefit）：好處。怎樣讓客戶產生購買我們的產品的欲望？首先要讓他們知道購買產品的好處，即製造快樂和痛苦的感覺。痛苦來自比較之中。顧客爲什麼會不購買你的產品，原因就是痛苦不夠大，快樂不夠多。所以，我們和客戶交談時要找到事情的關鍵按鈕，即客戶最關心的問題（問到癥結之處）。

通過和顧客的談話，還有事前對其企業的了解，我們可以找到事情的關鍵按鈕。要找到關鍵按鈕，就要以發問的方式：先問一些小的問題（以閒聊的方式展開），再問「是不是」的問題（比如，你們公司是不是出現了××問題？如果繼續出現××問題，你覺得對你的公司是不是會有影響？）最後再問成交性的問題：我們來把這個合作確定一下？

E（Evidence）：見證。即用一些具體的例子去說明你的東西的價值，或者向客戶說明已經成交的客戶在你這裡得到了什麼樣的價值。（再一次強調對公司及有關產品的詳細資料的了解，以及我們的客戶有哪些等等。）

使用公式以及順序：B（好處）、E（見證）、F（獨特的賣點）、A（優勢）。

下面講一下銷售的十大經驗。

1．複習使用公式

B（好處）、E（見證）、F（獨特的賣點）、A（優勢）。

詳細地了解我們的優勢、獨特的賣點、競爭對手的劣勢。建議大家詳細了解競爭對手的情況，例如，爲什麼其他公司的價格比我們低很多？

2．讓自己的情緒到達巔峰狀態

作爲銷售人員，見客戶之前，要調整好自己的情緒和狀態。你的表現不僅會影響你的客戶，也會直接影響你的成交。有的時候，顧客在購買商品的時候，在意的就是銷售人員帶給他的感覺。調整好自己的狀態也能令你超常發揮，你所做的一些細節都會引起客戶的注意。總之，細節決定成敗！

3．通過對象、形象建立信賴感

在沒有建立信賴感之前不要進行銷售，因為這樣只會換來客戶的拒絕。所以，你可以通過一些細節來建立和客戶之間的信賴感。和客戶交談時，隨時記錄客戶所說的話，這樣做，客戶會覺得你很尊重他，同時你也可以記錄一些重要的資訊。建議大家準備一個漂亮的筆記本和筆。

要注意「聆聽」，即他所說的話的眞實含義，他是否眞的想購買你的產品。我們的新夥伴往往會走很多彎路，不能充分體會客戶眞正的意思。其實這很正常，解決辦法之一就是：多拜訪客戶，多和其他夥伴溝通。

還有就是要肯定他所說的話，更不要打斷客戶的話。模仿客戶的表情、動作，和客戶保持相似說話的頻率。（這樣表現你對客戶的關心，容易建立信任感）

4．了解顧客的問題、需求和渴望

(1)了解客戶需求要通過問話的方式，但問的問題應該是資料性的問題，如公司規模、員工人數、幹部構成情況，以及公司有哪些地方需要提升，等等。在跟客戶溝通的時候一定要拿到資料，以便我們後來的溝通和做方案。

(2) 態度要不卑不亢。我們做銷售，不是求人買我們的東西，而是給客戶帶去對他們有用的東西。但注意態度不要太強勢，這樣會給客戶帶來反感的情緒。

在溝通培訓流程的時候，很多客戶都喜歡自己選擇專案。這時，我們銷售人員要回應：教練所安排的培訓項目是針對我們企業的，專案的安排是根據這次參加培訓學員的年齡、培訓意義來安排的。

(3) 行動就是要激勵、挑戰自己。人的潛力極大，突破自己會有意想不到的收穫。

問問題的公式以及順序如下：

F（Family）：家庭。（一般不談家庭或私人的問題）

W（Work）：工作。

R（Rest）：休閒。（娛樂性的東西）

M（Money）：金錢。

5．塑造產品的價值

用見證的方法或用價格來體現產品的價值，高價值的產品是體現在高品質上的。有的人會說：你們的產品和同行比起來價錢貴得好貴。我們的回答是：是貴，不過是貴在品質，用過的人反而會覺得很划算！

6．對競爭對手的分析

一個優秀的銷售人員對同行的情況應該很了解，和我們的產品比，他們的產品有哪些優勢，再一次地清晰我們產品的優勢。

7．解除客戶的抗拒點

下面是處理抗拒點的三個方法——

(1)客戶問的問題不回答，銷售人員反問一些痛苦的問題。

(2)客戶問的問題，銷售人員只理會，但不解決問題。

(3)反問他。（用反問的形式來提問題，反問的也是痛苦的問題）

以下是解除抗拒點的兩大步驟——

(1)判斷顧客說話的眞實性；

(2)鎖定抗拒點，即找到事情的關鍵按鈕（幫客戶找問題）。

8．成交

(1)識別成交信號。注意顧客問到的細節問題，包括產品特色、價格或一些肢體語言表現出成交的可能性。

(2)立即成交。談到成交就不要再說其他話，更不要提與成交無關的事情。

9．顧客轉介紹

顧客轉介紹，是建立在已經有了成功先例的基礎上的，因而成功的機率就高多了。所以，這一條法則一定要善加利用。

10．顧客服務精神

很多銷售人員在做完一筆業務後，對他的客戶就沒興趣了，開始不聞不問，這樣的話就很難形成客戶轉介紹。

做業務要善於抓住不同客戶的特點，區別對待，也就是我們平常所說的「投其所好」。會做業務的人，在每個領域都能如魚得水，這與他善於抓住對方的興趣，並能投其所好的做法是分不開的。下面再舉一個實戰例子——

張強做外貿業務員也有兩年半了，對於之前的付出，多少也有了些收穫。他的業績不是一枝獨秀，也有固定戀人穩定家庭。日子雖沒有汽車洋房的愜意，但也不至於風餐露宿的狼狽。他也同樣是從新人慢慢成長起來的，境況也是逐漸好轉的。

他面對客戶時，常常都在找初戀的感覺，暖暖的，沒有欺騙。人家問他什麼，他都會告訴對方：「畢竟一筆成功的生意就像是一場成功的戀愛，最後兩個人可以走到一起，靠的是互相溫暖、互不欺騙。」

他常說：「現在面料市場的拼價都很凶，但是拼到最後吃虧的還是中國人，老外可以不要價格低的，現在講克重，克重不到，我不要。」

「然後就損失一點訂金，讓你的現貨變庫存，你又能耗多久？以次充好，不是我們泱泱大國的強項，但是我們常常就是犯了這樣的錯，讓原本純眞的戀情變得不誠懇！接下來的戀愛還能怎麼談？」

談客戶眞誠一點，以後的道路會寬很多，還沒有與客戶開展「戀情」的業務員，不要著急，要自然地面對客戶，否則只會做成一錘子買賣。這遠遠不如「長相廝守」來得安穩！只要你做到以下幾點，相信你就一定會遇上好客戶的。

一、管理好自己的情緒。一個人如果能管好自己的情緒，他就能管好自己的思想和行爲。作爲一個銷售人員，你不能使自己的情緒太低落，從而易怒、易躁、失意。如果你把這種消極情緒帶入工作中，銷售過程就會變得負面。這樣既傷害顧客，又傷害你自己。如果銷售人員不能迅速調整自己的情緒，就很可能被負面的影響打倒，從而導致銷售失敗。

二、用積極的情緒來感染客戶。銷售是資訊的傳遞、情緒的轉變。大部分人的購買策略是建立在情緒化的感性基礎之上的。銷售人員絕不應該把不好的情緒傳遞給客戶。因爲這樣做的結果不僅會使銷售流產，還會給顧客留下壞印象。

三、準備工作。

(1)專業知識準備。對自己產品要有100%的了解和絕對的信心。你對自己銷售的產品越了解專業，顧客就對你越有信心，你就越有說服力。

(2)精神上的準備。把自己的情緒調整到最佳的狀態。

(3)體能上的準備。有能力而沒精力是不行的，一定要體魄強健，精力充沛。
(4)工具上的準備。如正裝、公事包、樣品、相關證件，以及推薦函等等。

四、尋找準客戶。大街上所有的人都是客戶，但很大一部分不是你的客戶。客戶總是存在的，問題是你如何尋找這些客戶，方法是——「先求質後求量」。

五、建立信賴感。彼此沒有信賴感是無法達成任何銷售的，要以誠待人。

六、激起客戶的興趣。對產品感興趣是購買的基礎，要設法激起客戶興趣。

七、挖掘客戶的購買動機。客戶購買既有情緒理由，也有理智的理由。你要通過察言觀色來了解客戶的眞實想法。

八、讓客戶產生購買欲望。二流銷售員是滿足客戶的需求，一流銷售員是創造客戶的需求，即所謂的「攻心爲上」。

九、承諾與成交。承諾的關鍵是信守承諾，你要給客戶一個保證，保證客戶購買你的產品，不會有任何風險，保證你的產品確實能對客戶有用。不能許下你做不到的承諾。如果客戶相信你的承諾是眞實的，你就可以試著與客戶成交。

十、刺激銷售量。一流的銷售員既要有零售，更要有批發。一流的銷售人員必須善於挖掘客戶的購買潛力。

總之，心態好一點，做人眞一點，四體勤一點，客戶一定會光顧的！千萬不要眼紅他人的客戶，因爲在你之前人家已經投入了很多的眞誠！

想拉攏客戶要先對客戶進行歸類

市場經濟是以市場爲嚮導，市場是企業的生存命脈。好的產品，如果沒有好的市場銷售人員、好的客戶服務人員，就不能體現商品價值。而在市場運作的過程中，市場開發是龍頭，客戶服務是關鍵。

我們可將客戶分爲九大類型，並根據各類型的客戶選擇相應的公關方式。

1．理智型客戶

這類客戶辦事情比較理智，有原則、有規律。他們不會因爲關係的好與壞而選擇資訊商或供應商，更不會因爲個人的感情選擇合作對象。他們大部分工作比較細心，認眞負責，在選擇合作對象前會進行詳細比較，從而做出理智的選擇。

對這類客戶，不可採用強行公關、送禮、拍馬屁等公關方式；最好、最有效的方式就是坦誠、直率的交流，不可以誇大其詞，該怎麼樣做就怎麼樣，把自己的能力和特長、產品的優勢和劣勢等直觀地展現給對方。給這類客戶的承諾一定要做得到，能做到的一定要承諾，這就是最好的公關方式。

2．任務型客戶

這類客戶在公司內的職務一般不是股東級，他們只是接受上級給予的任務，而且這個任務不在自己的工作職責範圍之內。所以，這樣的客戶只求結果完成得比上不足而比下有餘，不會有太多的要求，也不會有太多的奢望。

對這類型的客戶，要提供周到的服務，一定要承諾得斬釘截鐵，給對方吃顆定心丸。這類客戶不是全部的重點公關對象，因爲他們通常是我們的即時性客戶，服務完一筆業務，以後可能不會再打交道了。所以，在費用和服務上都不能太優惠。拜訪這類客戶，給其留下好的第一印象特別重要，之後一定要跟進、說服，給予一定的品質、服務、時間上的承諾。

3．貪婪型客戶

這類客戶在自身公司的關係一般比較複雜，做事的目的性比較強，對價格壓得比較厲害，對品質和服務也要求比較高。但只要和他們的關係發展到一定程度，就很容易把握住他們的需求。這類客戶時常也會主動要求和接受賄賂。

對這類客戶，在關係上要保持心靈溝通，不可大造聲勢，要給對方安全感、保密感。另外，在品質、價格、服務上要有一定的保障，並要主動送禮、給回扣。但是不可以完全滿足對方，操作中該給多少回扣就給多少，該加收稅收的就一定要加收。一味地滿足對方就會讓自己很被動，因為對方的貪婪沒有止境。

4．主人翁型客戶

這類客戶大都是企業的老闆或非常正直的員工。他們只追求價格、品質、服務的最佳結合體，其中對價格又最為關注。所以，對這類客戶，首先要在價格上給予適當的滿足，再根據品質提高價格。要讓對方感覺你做的東西就是價格最便宜的、品質最好的。對這類客戶，可以適當玩一些隱祕性的花樣。

服務這類客戶，要以價格為突破口，在價格上給客戶一個好的印象，在品質上可以根據客戶的認知度定位，前期道路鋪好之後就要經常回訪，經常交流、溝通、問候、拉關係。只要在價格上適當地滿足這類客戶的要求，在關係上能保持良好的溝通，就能長期地維持雙方的合作關係。

5．搶功型客戶

這類客戶一般不是公司的大領導，也沒有很大的權利。但是他們很有潛力，其地位一般處於上升趨勢。他們的眼光重點定位在品質上，只要價格適當就可以了。他們有時會自己掏錢爲公司辦事情，在公司內爲了表現經常自己吃啞巴虧。

對這類客戶，一定要站在客戶角度考慮，千萬不可以傷害他們自尊心，在品質上一定要把好關。對他們不需要保持太密切的聯繫，只要在日常的工作中給予力所能及的幫助，爲其在自身公司的發展做點力所能及的事情就可以了。

不過，在節假日，一定要給予適當的問候，保持一般的聯絡。因爲這樣的客戶很有可能會發展成爲未來的潛力客戶。

6．吝嗇型客戶

這類客戶一般比較小氣，想賺他們的錢不容易。他們一般不會因爲信任或關係而選擇一個固定的供應商。他們首先會比較價格，而且比較的結果是你沒有利潤，然後要求品質。這類客戶經常會隱瞞事實，誇大自己，很多時候還會選擇貨比貨，搞一些根本不需要的招投標形式來壓低價格，滿足自己虛僞的吝嗇心理。

對這類客戶，建議不要在他們身上花費太多的時間，根據自己的產品特點及企業優勢，能宰他一次就宰他一次，不要指望下次他們會給你賺錢的業務。一開始就不能一味地滿足他們的需求，該狡猾的時候一定要狡猾。這類客戶不會因爲你的良好表現，和良好關係就容忍你的小錯誤。

如果不是自己強項和優勢的業務，不必去爭取這類客戶，因爲對自己會得不償失。錢沒有賺到，精力倒花費不少。所以，他們不是企業發展的重點客戶。

7．刁蠻型客戶

這類客戶在第一次交往中會表現得很好，顯示自己是很好、很有信譽、很有實力的公司，有時甚至會出現你開800元，他給你1000元的價格情況。這類客戶在和我們交談的過程中，基本上不會準備資料，而是希望所有的資料都由我們來準備。他們也不會在價格上斤斤計較，在品質上也不會苛刻要求。只不過，他們會想方設法地設置陷阱，找藉口說時間非常著急。其實眞正等你做完了，他一點兒也不著急，往往是想干擾你的視線，儘量使你的操作出現問題，到時候好抓把柄、找麻煩。

對這樣的客戶千萬不可以馬虎，更不可以爲客戶的表現所動心，在所有的操作上一定要積極客觀，不能被動。價格是怎麼樣就怎麼樣，品質是怎麼樣就怎麼樣，製作之前一定要讓客戶親自簽字確認，否則絕對不可以操作下去。對客戶要求的時間也不可以隨便承諾，給自己施加壓力，合同一定要簽，絕對不可以先做事再談價格。總之，對於這樣的客戶一定要先小人後君子，不見兔子絕對不可以撒鷹，千萬不可大意。因爲這樣的客戶不是窮鬼騙子就是壞心眼的餓狼。

8. 關聯式客戶

這類客戶是先做朋友後做生意的典型。但是，他們操作時如果不能把握一個介於朋友和客戶之間的度，就很容易導致業務沒有做好，朋友關係搞砸，客戶關係也丟失。在服務行業，朋友介紹朋友、朋友需要幫忙等業務，時常都會出現。

對於這類客戶，一定要把握好幾個原則，不該收錢的千萬不能收錢，該收錢的一定要把錢談好。幫忙和賺錢一定要分開，如果遇到總是喜歡佔便宜的朋友客戶，就一定要注意小單子可以幫忙做。大單子或需要花費一定成本費用的單子，要麼就按正規方式操作，要麼就委婉地推掉。

9．綜合型客戶

這類客戶在交往中沒有一定的性格模式，在特定的環境下會演變成特定類型的客戶。他們一般非常老道，社會經驗非常豐富，關係網也比較複雜。他們的生活軌跡不容易把握，思想活動也很難認清。

對這類客戶，處理問題一定要小心，不可以定義爲任何一種專業類型的客戶來對待。這類客戶可變性很強，在與這樣的客戶交往的過程中，採用以靜制動的戰略攻勢比較好，始終要保持認眞、虔誠的心態靜觀其變，等待時機成熟之後再對症下藥。

——以上是從橫向上將客戶分爲了九大類。而在雙方合作的過程中，根據客戶與本公司業務的接近程度，可以將其定義爲潛在客戶、試用客戶、意向客戶、准客戶、正式客戶。

1．潛在客戶

潛在客戶的範圍很廣。不了解我們的客戶，或者是曾經接觸過，但是後來沒有再度接觸的客戶；或者是聽說過我們，也了解我們，但是並沒有跟我們接觸的客戶，都稱爲潛在客戶。

2．試用客戶

與客戶簽訂產品或服務試用協定，或是讓客戶塡寫相關資料後，免費給客戶提供試用贈品，使客戶試用產品並給出試用意見。可以說，試用客戶雖能得到實惠，但也有相應的義務。

3．意向客戶

這類客戶實際上就是在試用客戶的基礎上向合作的方向邁進了一步。雙方談到了合作以及服務的產品、許可權、價格，並且清楚地肯定了這些需求和價格。

4．準客戶

這類客戶往往服務價格和服務內容都已談妥，合同已經傳眞或者已經回傳合同，對方已經開始打款。

5．正式客戶

這類是已經成功與本企業完成交易的客戶。

上述幾種客戶類型，他們正常的演變過程爲：

潛在客户—試用客户—意向客户—準客户—正式客户

潛在客戶發展爲試用客戶，需要的技巧是仔細了解對方的情趣和愛好點，針對對方的興趣和愛好點宣傳自己，引起對方的興趣。

試用客戶發展爲意向客戶，需要的技巧是眞正讓對方感受到方便和實惠，要比在他沒有接受服務之前更方便和更實惠。此時你們可以開始商談服務價格和服務內容。

意向客戶發展爲准客戶的條件是服務價格和服務內容都已談妥，合同已經傳眞或者已經回傳合同，對方也已經開始打款。

以上的步驟並非一成不變，對試用客戶也可以儘早告訴他們這些服務價格和服務內容，而且操作過程中也是因人而異的。

後期維護也很重要

在搭訕實戰中，約見客戶是很重要的一步。而如何約見老客戶，維護好客戶關係，又是搭訕實踐的進一步延伸。那麼，到底要怎麼做才能與老客戶，在「搭訕」中達成目的呢？

1．不為難客戶

談合作、談項目一定要講究時機。時機不好，合作也會泡湯。當客戶有為難之處時，一定要體諒別人，不要讓客戶為難。

比如他正在忙、他認為那樣做不合適或不能做等，你就不要再訴說你的要求，並告訴他不管怎麼樣，你都非常感謝他。你的善解人意會讓他覺得抱歉甚至內疚，下次有機會他很可能就會主動補償你了。

2．替客戶著想

我們與客戶合作一定要追求雙贏，我們是爲公司做事，希望自己做出業績，別人也是爲單位做事，他也希望自己辦的事情辦得漂亮。

因此，我們在合作時就要注意，不要把客戶沒有用或不要的東西賣給他，儘量減少客戶不必要的開支，客戶也會節省你的投入。

3．尊重客戶

每個人都希望獲得別人的認同和尊重。對於一起合作的客戶，我們一定要心懷感激，並對客戶表達你的感謝。

而對於客戶的失誤甚至過錯，要表示出你的寬容，而不是責備，並立即與客戶研究探討，找出補救和解決的方案。這樣，你的客戶會打從心底裡感激你。

4．堅持原則

一個堅持原則的人會更容易贏得客戶的尊重和信任。因爲只有這樣，客戶才有理由相信你推薦產品同樣遵守了一定的原則，他們才能放心地與你合作和交往。

比如，適當地增加某些服務和培訓是可以接受的，但損害公司、客戶甚至別人利益的要求絕不能答應。因爲當你在客戶面前可以損害公司或別人的利益時，他會擔心他的利益也正在受到威脅。

5．多做些業務之外的事情

比如，當客戶需要某些資料又得不到時，你可以去幫他找，甚至他們生活中碰到的一些困難，只要你知道能做到，就應該主動幫助他們。這樣，你與客戶之間就不僅僅是合作的關係，更多的是朋友關係。如此這般，一旦有什麼機會，他們一定會先想到你。

6．讓朋友推薦你

如果前面的要訣你都掌握並運用自如，你就會贏得客戶和朋友的口碑，你的朋友就會向他的朋友推薦你。你的生意就會像原子彈爆炸一樣迅速地擴張起來，甚至讓客戶主動來找你。

7．讓生意漂亮收尾

所有的工作都做完了，你與客戶的合作告一段落，是不是就是終結了呢？也許這是大部分業務員的處理方式，但事實證明這是一個巨大的錯誤。

事實上，這次生意結束的時候正是創造下一次合作機會的最好時機，千萬別忘了給客戶送一些合適的小禮品。如果生意效益確實不錯，最好能給客戶一點出乎其意料的實惠。讓每筆生意有個漂亮的收尾，帶給你的效益不亞於你重新開發一個新的客戶。主要有以下兩個理由。

如果你前面的工作尙欠火候，還不能從合作關係提升到朋友關係的話，這個時候這樣做就能很好地實現這個目標。如果前面的合作中有些不如意，這更是個很好的補救方案。（第一回戰役的結束，代表第二回的戰役已經開始啓動了。）

大部分的人都認爲，既然大家合作完了，那麼與客戶的關係自然也結束了，所以對這種不求回報的最後感謝，他們可能馬上會把你從合作關係發展爲朋友關係，那麼，下次有需求時肯定就會來找你。

8．以讓步換取客戶認同

在與客戶進行溝通的過程時，一些銷售人員以為自己在每次溝通中都扮演著「進攻者」的角色，為了達成銷售目標一步一步地向前邁進，不斷地說服客戶認可自己的產品或服務的品質，接受產品或服務的價格，等等。

這些銷售人員的銷售目標是很明確的，為了達成目標而努力奮進的勇氣，也是值得讚揚的，但是他們為了實現目標所採用的方法卻不見得高明。至少，我們不提倡銷售人員對客戶進行單一的、有「進攻」意圖的說服。

新客戶開發出來後，沒有加強維護和鞏固，而是簡單地認為——「產品推廣給新客戶，就是新客戶的主推、主銷品牌了」，實質上完全不是這樣。尤其是那些多品牌經營的客戶，一旦我們掉以輕心，跟蹤和服務不到位，那麼很容易就會失去新客戶的信心和信任，一定要注意避免。

客戶的肢體語言會告訴你一些「祕密」

肢體語言，又稱身體語言，是使用身體運動或動作來代替或輔助聲音、口頭語言，或其他交流方式的交流術語。它是副語言的一種類型。副語言包括各種形式的非口頭語言的人類交流方式，包括不為人注意的最細微的動作，例如眨眼和眉毛的輕微運動。肢體語言通常與面部表情相結合使用。

用流暢的、富有感染力的語言，將你要說明的問題傳達給你的客戶，使客戶能夠清楚地了解你語言的含義，了解他想知道的問題答案，這是提高工作效率的重要一環。

但是，請一定牢記一個忠告：感覺總是比語言快十倍。這絕對是一個真理。請隨時隨地注意自己和客戶的肢體語言，這是感覺獲得的最直接信號，也許比語言更有效。所以，我們在一定要注意下面幾個方面——

⑴形象：裝容適宜，得體自然，服飾規範。

⑵眼神：目光親切，自然平和，真誠相對，順勢而動。

⑶語言：口氣堅定，充滿自信，知識豐富，認真請教，善於傾聽，答疑解惑。

⑷舉止：落落大方，避免拘謹，重視對方，且忌張狂。

從上面幾個方面看，除語言外，尚有三條，皆爲形象與肢體語言。所以，我們在向客戶推銷的過程中，除了提高自己語言的表達水準外，更要注意客戶的肢體語言。一般來說，客戶不會直接告訴你他們是否在聽你說話，但他們的身體語言會告訴你。

客戶的表達力像交通信號燈一樣有三種：綠燈、黃燈和紅燈。當你觀察到客戶的這些資訊後，就要開始做出相應的行動，盡力去了解客戶的想法。

綠燈：這種信號表示客戶對你提供的資訊感興趣而且非常信任你。這些人的身體會略微向你傾斜；他們面帶微笑，眉毛上揚，眼睛始終注視著你的眼睛；坐著時，客戶不會無禮地蹺起二郎腿。你看到這些綠色信號，表明你有足夠的行銷機會，但是別忘了你自己的「綠色」信號，有助於保持和加強客戶對你的接受，所以你自己要始終保持友好的態度。

黃燈：不爲你言語所動的客戶會亮出黃色信號，他們可能對你還不大信任，他們也許會後悔自己的決定。這些人的特點是：身體角度與你略偏，臉上表情僵硬、不快，或者傲慢；他們會抱起手臂、蹺起二郎腿，人也顯得坐立不安。你要繼續保持積極和友好的態度，用開放性的問題鼓勵你的客戶說出想法。你可以說：「我想聽聽你的意見。」或者說：「你對現在的情況怎麼看？」客戶的回答可以說明你了解他們所關注的問題，找出癥結所在，促使你用積極的態度去感染他們。

紅燈：如果你忽視了客戶的黃燈預警，客戶可能就開始傳遞紅色信號，這時的事態就比較嚴重了。紅色信號很容易辨認，這些人的身體角度可能威脅性地向你前傾；他們遠遠地後靠遠離你，臉上表情緊張、脹紅；有的人甚至開始搖頭，他們的手臂抱得更緊，手或握拳要麼指指點點，要麼示意你停止。這時候你應該儘快採取行動，使客戶平靜下來。首先，不要爲自己辯護，先對客戶的這種態度表示理解；接著重新部署談話方式，把重點放到你建議的優點上來；然後繼續傳達你的積極信號。

有一點你要記住，預防比治療有用得多。在與客戶談話中，要時刻注意他們的身體語言，當看到黃燈時就要提高警惕，讓客戶的身體語言指導你順利開展行銷工作。

如何領會客戶的肢體語言——

(1)當客戶輕揉著鼻子時，表示他還不敢信任你，他認爲你是在變著法兒騙人，此時尚且不要結束。

(2)當客戶輕拍著手掌或捏著手指時，表示他沒有多大的耐性了，可能你說的太多，此時該進入結束階段了。

(3)當客戶緊握著拳頭時，這是種有權威的動作，表示客戶自認爲比你還靈敏，此時勿急著進入結束階段（或身體向前表示爭論）。

(4)當客戶撫摸著後腦時，這是反對信號，代表這個客戶並不同意你的說法。

(5)當客戶輕拍或撫弄頭髮時，這是同意信號，你可以進入結束階段。

(6)當客戶睜大眼睛時，這是同意的信號，此時時間已到了。

(7)當客戶閉上眼睛時，這是反對信號，此時尚且不要強行結束。

(8)當客戶咬著指甲時，表示他感覺不安猶豫，此時你要堅持，但要注意製造友善的氣氛，這種情形之下很容易結束。

(9)當客戶摸著耳朵時，表示他難以做出決定，你可以試著幫他做決定。

(10)當客戶點煙時，這是絕對同意的信號，是結束的大好時機。

(11)當客戶的太太根本不看你時，表示她根本沒有要購買的意念。

(12)當客戶撫摸著小腿脛骨時，表示他正想做出決定。

(13)當客戶用指頭或整隻手遮著嘴巴說話時，這是反對或想講話的信號，也可能他在欺騙你。

(14)當客戶面對著其他地方不看你時，這是反對信號，他根本不聽你所說話的內容，此時尚且不要強求結束。

⒂當客戶將手放在口袋裡，這是防禦性的態度，他對你感到畏懼，這時你可以用輕鬆的舉動，消除他的不安，比如：抽煙、喝口茶或讚美環境等等。

⒃當客戶將手伸進口袋並翻動時，他應該聯想到了他的經濟問題，也可能是目前沒有多餘的錢。

⒄當客戶緊捏著鼻粱或撫摸著下巴時，客戶正考慮做出決定。這時，你需要安安靜靜的，不要打擾他。

⒅當客戶揉著眼睛時，這是反對的信號，他根本不接受你。

⒆當你說話時，他注視你的時間愈久，表示他對你的話題愈有興趣。

⒇當客戶聳肩時，表示他或許會同意。

在談話的過程中，需要特別留意客戶的肢體語言。

一位業務員正饒有興致地向客户介紹產品，而客户對他的產品也很有興趣，但讓他不解的是客户時常看手錶，或者問一些合約條款等等。

起初他並沒有留意，當他的話暫告一個段落時，客户突然打斷他說：「你的商品很好，它已經打動我了。請問我該在哪裡簽字呢？」

此時他才知道，客户剛才做的一些小動作，已經向我說明我的推銷已經成功，後面的一些介紹無疑都是多餘的。

客戶的身體語言是一種非常重要的資訊，業務人員若能正確地做出判斷，就會取得良好的溝通。換句話說，對資訊做出正確的反應，準確地解讀客戶的身體語言，是業務人員推銷成功必不可少的因素。

讓客戶留下資料

客戶是企業的寶貴資源。一直以來，由於客戶的外部性特徵，造成企業無法從資源的角度去看待客戶。隨著市場的發展，客戶的資源特性已經越發明顯。傳統的關注與客戶之間的關係，已經不能適應企業發展的要求，而是逐漸轉變爲把客戶作爲企業資源進行管理和開發。

從資源的角度看客戶，客戶本身具有價值，企業內部直接反映在客戶資料上。通過客戶資料，我們不但能夠發現給企業帶來收入的客戶在哪裡、客戶的最大貢獻價值是多少、客戶價值的消耗和再生是如何進行的，還能夠通過客戶資料的變化來識別客戶資源的佔有量，以及客戶資源的流失、消亡和再生。這對企業的生存和發展起著至關重要的作用。

客戶資料是企業生產的指導。充分的客戶資料反映了市場的需求和產品的特性要求，這爲企業設計什麼樣的產品產生了直接的指導作用。產品的功能、性能、價格要求將直接作用於產品的設計和生產過程中。

客戶資料是企業市場行銷的指導。產品的市場定位更多地依賴於客戶資料的分析。以奧迪A6爲例，生產廠商正是通過市場調查，蒐集了大量的客戶資料後，才確定奧迪A6的市場定位爲「政府主管公務用車」、「企業領導用車」等高端定位策略。這些都對後期的市場宣傳、產品包裝起到了重要的指導作用。

客戶資料是企業客戶服務的基礎。沒有完整的客戶資料，沒有經過認眞的客戶資料分析，客戶服務就會淪爲低水準的「應對客戶問題」。充分掌握客戶資料，並加以有效分析，分析的成果可以直接指導客戶服務的操作，爲客戶提供更爲滿意的服務行爲。而滿意度越高無疑會帶動新一輪的銷售行爲，使企業的客戶資源進入良性的企業價值實現過程中，不斷爲企業增加收益。

例如，眼鏡店每天都會來很多潛在客戶，但一次性下單的客戶只占一部分。因爲現在的購鏡成本較高，再加上眼鏡店遍地開花，同一地區常有多家眼鏡店競爭，所以客戶通常希望了解更多的店和更豐富的產品，再從中選擇「最適合」自己的產品。

但對於銷售人員來說，卻是「機不可失，失不再來」，因爲有更多的品牌和人員在實施終端攔截。只要客戶從你這裡走出去，就可能不再踏入你的門檻，你極有可能永遠失去這個客戶。

所以，如何實施終端攔截，如何讓出了門的客戶再次返回，就成了終端銷售人員需要潛心修煉的眞功夫。排除其他終端攔截的方法，以下就如何留下客戶資料做一些探討。拿眼睛店來說，客戶第一次來到眼鏡店並即將離開的情況下，銷售人員主動爭取再次和客戶聯繫的方式主要有以下兩種——

一、有的銷售人員在客戶將要離開的時候，會把一些主推產品或促銷產品的宣傳單送給客戶，對客戶說：「這是我們最近做活動的產品，您可以回去先了解一下，如果有需要，您可以打我的電話。」

可事實證明，能夠主動打電話的客戶少之又少。主要有以下三點原因——

①不僅你一家店給了客戶宣傳單，很多店都會給客戶留資料，而且說法一樣，客戶回家一比較這些都差不多，感覺既然沒有特別好的選擇，就沒有必要聯繫。

②人都有惰性，客戶最相信自己在眼鏡店親眼看見的、親耳聽見的，他們不願意主動和銷售人員聯繫，除非你能主動聯繫他們。

③客戶回到家，看都不看就把它當垃圾扔了，就像我們在大街上收到各種傳單把它們隨手扔掉一樣。所以沒有區別地給客戶宣傳單，並不是最好的方法。

二、在客戶將要離開的時候，很多銷售人員會主動和客戶講：「把您的聯繫方式留下，好嗎？如果我們有什麼優惠活動，我會提前通知您的。」

有些客戶會順其自然地留下自己的聯繫方式，可很多客戶還是不願意留下自己的聯繫方式。仔細分析一下，這類留客戶資料的方式也是存在一定弊端的。在沒有優惠活動的情況下，我們又如何有更好的理由主動和客戶聯繫？

我們再分析一下客戶爲什麼不願意留下自己的聯繫方式。

⑴存在戒備心理，害怕上當受騙。由於我們在和客戶的簡短溝通中，沒有取得客戶的信任，客戶害怕我們欺騙他，不願意留下資料。

(2) 害怕我們會天天給他打電話推銷，干擾他的正常生活。在現代社會中，電話推銷無處不在，干擾消費者的正常生活，很讓人心煩。

(3) 客戶在你店內沒有挑選到喜歡的產品，想去選擇其他店的產品。由於銷售人員沒有抓住客戶的需求點，沒有讓客戶眞正了解他的產品，讓客戶已經做出不在該店購買的決定。

(4) 給客戶留下聯繫方式沒有正當理由。其實，客戶願意留下自己的聯繫方式是需要一定理由的，他們都會保護個人資料的，除非有能夠吸引或說服他們的地方。

結合以上四種原因，留下客戶資料最有效的方法應該是從「給客戶正當理由」的角度去思考。對此，有位朋友寫下了他逛超市的一個經歷——

那天下午，我和朋友去超市購物，在結帳離開的時候，發現很多客户圍在一個長條桌周圍寫什麼東西，旁邊還有一個抽獎箱。

出於好奇我擠了進去，看見旁邊的海報上有一條宣傳語——

「購物滿88元的客户可以參加免費抽獎，抽獎方法：在您的發票上寫清楚您的身分證號碼、手機號碼、姓名，然後投入抽獎箱；我們將在×月×日進行抽獎，中獎結果將會及時通知您。」

長條桌上放著幾枝圓珠筆，旁邊沒有一個工作人員，可很多消費者主動在那裡排隊、寫資料。

看到這種情況，我不禁想：爲什麼會有這麼多客户主動留下自己的資料呢？難道僅僅是因爲人們相信該超市嗎？還有沒有其他的原因呢？

這時朋友說：「咱們也去排隊吧，說不定能中個大獎呢！」朋友的話提醒了我。對，中獎，這是一個很好的理由，爲了免費的獎品，客户會不由自主地留下聯繫方式。

那麼，這種方法能不能用在銷售其他產品呢？如果能留下更多的客戶資料，了解客戶更多的資訊，我們後續的銷售行爲不就變得更加簡單了嗎？提高成交率不就很容易實現了嗎？這裡給出以下三種方法提供大家參考——

1．利用調查問卷的方式留資料，抽大獎

可以參考這個的方法並進行適當改良，在接待臺上放些可以抽獎的調查問卷，讓客

戶在離開前填寫。問卷內容主要是以客戶所關注的商品資訊和自身的資訊爲主。

一方面，這些資料可以說明我們增加對客戶的了解，有利於後續的銷售，還可以分析客戶類型，以便掌握更多的資訊。另一方面，我們也可以通過這種方式悄無聲息地獲得客戶的聯繫方式。

要注意的是，問卷的內容一定要簡略，以選擇題爲主，因爲這樣不會耽誤客戶太多的時間。客戶有時間的話也願意認眞填寫，我們得到的資料才會更加眞實可靠。

採取抽獎問卷的形式，客戶考慮更多的是否能抽中獎品的問題，從而避開了對我們打電話回訪的猜想，所以他們更願意留下資料。然後可以定期抽獎，當然，這主要是從有意向的潛在客戶中抽取獲獎者，可以多設置一些幸運獎。這樣就有更好的理由和客戶取得聯繫，要知道客戶在中獎的喜悅情緒中，是最容易被說服的，他回店領獎也可以刺激其產生消費。

2．以會員價吸引客戶

其實，很多商品可能只值那個會員價，但購買在者心理上有優勢。「看，我比以市場價購買的那些少了多少多少錢。」再仔細想想，絕大多數人都願意花幾分鐘時間辦一張免費的會員卡，享受購物的優惠。

一位行銷人員在一次展會期間，抽空去逛了宜家家居。他發現宜家家居新開闢了一個會員商品區域，主要是洗髮水等個人護理用品類的商品，上面同時標有市場價和會員價兩種不同價格。

以某種洗髮水爲例，上面赫然標著市場價29元，會員價19元。旁邊還有宣傳標語：立刻辦卡，享受會員價優惠。在會員商品區域內，就有一個醒目的辦卡台，包括筆者在內的很多客戶，他們只花了幾分鐘時間就辦了會員卡享受會員優惠。

值得注意的是，如果採取此辦法，以會員價出售的商品應當是該店在該地區所獨有的，這樣客戶才不會有比較。如果並非獨有，那確實需要比其他地方略微有所優惠，否則客戶是不會買帳的。

3．用優惠活動吸引客戶

根據消費心理的相關研究，在銷售過程中，如果以泛泛的優惠爲誘餌，向客戶索要聯繫方式常會遭到拒絕。但如果你觀察到客戶中意某品牌或某款商品，他又非常在意價格時，不妨再邀請客戶留下聯繫方式，你可以說：「您很有眼光！這個品牌在我們這裡口碑很好，不過目前這個價格確實不能再更低了。

新世界百貨週年慶，全場滿2000送200，平時價格堅挺的潮宏基珠寶也開始全場接券。不過潮宏基珠寶接券時，離商場關門僅有1小時，但潮宏基的銷售小姐並未放棄努力。她們首先向消費者介紹幾個知名品牌的情況，並介紹週年慶活動是商場自己慶生的活動，優惠力度爲全年之最，建議消費者趕緊購買商品以獲得回饋。

潮宏基的銷售人員不失時機地宣傳道：「我們也不知道什麼時候再做這種大型促銷活動。如果您方便的話，請留下聯繫方式吧！如果有活動的話，我們會及時打電話通知您。」於是，消費者很自然地就留下了聯繫方式。

「您留個聯繫方式，如果這個品牌有優惠活動的話，我們會及時通知您的。」這是個很不錯的讓客戶留下資料的方法。

此外，你還可以詢問客戶是否還有其他中意的品牌及款式，若有活動可以一併通知。這樣自然地爲客戶考慮的方式，即使到時候打電話通知客戶，客戶也不會覺得這是一種騷擾。總之，銷售人員要從點點滴滴中去修煉，去爭取客戶，去贏得客戶，從而提高銷售的業績。

營造讓客戶有意購買的氛圍

是否獨具特色，是否考慮到客戶整個消費過程的感受，是否能提高消費者的整體消費價值，是商家在進行銷售氛圍設計評估時要回答的三個問題。

氛圍在客戶購買過程中相當重要。若氛圍能令客戶滿意，能讓客戶在整個消費過程中，保持愉快的心情，就可以提高客戶的消費價值，而恰當的搭訕能有效地營造購物氛圍。拿客戶買鞋子來說，你可以採用以下幾個招數——

1．二選一的技巧

當客戶一再發出購買信號，卻拿不定主意時，你可以採用「二選其一」的技巧。比如，你的客戶同時看好兩雙不同款式或相同款式，但顏色不同的鞋子，他試穿三次以上還沒下定決心購買。這時你可以讓導購員對客戶說：「請問您要那雙黑色的還是咖啡色的呢？」或者說：「請問您是買一雙還是兩雙？」此種「二選其一」的問話技巧，其實就是在你幫客戶拿主意，讓他下決心購買。

2．顧左右而言他

許多客戶即使有意購買，也不喜歡馬上付錢，他總要東挑西揀，在產品顏色、皮料、樣式，甚至產地方面不停地打轉。這時，聰明的導購員就要改變策略，暫時不談付款的事，最好連「買」這個字都不要提，熱情地幫對方挑選，一旦上述問題解決，你的生意也就落實了。

3．吊他胃口

越是得不到、買不到的東西，人們就越想得到它、買到它。你可以利用這種「怕買不到」的心理來促成生意。比如，導購員對遲遲不肯決定的客戶說：「這種產品只剩最後一個了，短期內不再進貨，您不買就沒有了。」或是「今天是優惠價的最後一天，請您把握良機，明天您就買不到這種折扣價了。」

4．循序漸進法

當客戶想買你的商品卻對它沒有信心時，你可以建議他先試穿看看。只要他對產品有信心了，雖然要他購買還有一定的困難，但對方試穿感覺滿意之後，可能下次還來購買我們的商品。這一「試用看看」的技巧，也可幫客戶下決心購買商品。

5．欲擒故縱

有些客戶天生優柔寡斷，他雖然對我們的鞋子有興趣，可是拖拖拉拉，遲遲難以做出決定。這時，你不妨故意收拾一下鞋盒，做出要拿開的樣子。這種假裝離開的舉動，有時會促使對方下決心。

6．反問式的回答

當客戶問到某種產品，不巧正好沒貨時，就得運用反問來促成銷售。比如，客戶問：「你們這雙鞋有紅色的嗎？」這時，店員不可回答沒有，而應該反問道：「抱歉！廠家沒有生產，不過我們有白色、棕色、粉紅色的。在這幾種顏色裡，您比較喜歡哪一種呢？」這時，只要客戶能說出哪種顏色比較不錯，就基本上同意購買了。

7．快刀斬亂麻

在嘗試上述幾種技巧後，你還不能打動對方時，就得使出殺手瑂，做到快刀斬亂麻，直接要求客戶購買。比如，作勢把他挑選但還沒付帳的商品打包，並對他說：「如果您想有時間回去給老公一個驚喜，就趕快行動吧！」

8．拜師學藝，態度謙虛

在你費盡口舌、使出渾身解數都無效，眼看這筆生意就快做不成時，不妨可以試試這個方法。比如說：「小姐，雖然我知道我們的商品絕對適合您，可我的能力太差了，無法說服您，我認輸了。不過，請您指出我們商品的不足，讓我們有改進的機會，好嗎？」像上述這類謙卑的話，不但很容易滿足對方的虛榮心，而且會消除彼此之間的對抗情緒。她會一邊指點你，一邊鼓勵你，說不定還會掏錢買一雙鞋子呢！

有的人是天生的「搭訕犯」，極度熱中於搭訕，我們不得不承認，這樣的人談成客戶的可能性很大。但是，我們要說明的是，很多搭訕犯都是自顧自地一味搭訕，客戶可能早就已被打動，而搭訕犯自己都不知道，最終把客戶談跑了。

那麼怎麼樣才能營造一個讓客戶選擇自己的環境呢？

這裡，我們先探討有關情緒的問題。在拜訪中，行銷人員和客戶之間的情緒互動有極其重要的作用。客戶會因爲喜歡一位行銷人員而立刻做出購買決定，也會因爲討厭一位行銷人員而投向競爭對手的懷抱。爲此，我們要對客戶的情緒進行引導、強化。也就是說，我們要想辦法把客戶的關係轉化爲朋友關係，這就是對客戶情緒的正確引導，同時與客戶的關係得到強化。

人們常說，溝通創造價值。拜訪客戶的過程就是雙方不斷溝通的過程。其中溝是手段，通是目的。通就是客戶被你影響了，甚至達到了銷售目的。

拜訪客戶，是行銷活動中很重要的一個環節。因此，行銷人員要在思想上高度重視客戶拜訪工作。首先就要做好拜訪前的準備工作。

在某外企工作的李先生每次拜訪客戶都會充分地做準備。比如，李先生計劃到南海市某企業出差，出差前他會了解一下企業的大概情況，包括該企業的採購負責人、決策者、市場銷售情況、資信情況等。

有一年，老總要他完成某著名乳製品企業的「進軍」任務，由於準備工作做得不充分，半年來一直受阻。後來他改變策略，在此企業做足「準備文章」，用一年時間持續跟蹤，終於與此客户簽訂合同，完成了老總交給他的任務。

後來，他成爲該外企的「金牌」業務員，每月有數百萬的銷售業績。

拜訪客戶前要設定拜訪目標，對客戶進行分析，了解對方屬於重點客戶還是一般客戶，從而制訂拜訪策略。還要充分掌握公司的銷售政策、價格政策、促銷政策。尤其在企業推出新的銷售政策、價格政策、促銷政策時，更要了解新政策的詳細內容。當公司推出新產品時，行銷人員要掌握新品的特點和賣點。

拜訪客戶時要有明確的拜訪目的。在跟客戶交談時，談話要結合客戶實際，要具體。最好儘量讓客戶先說話，自己做一個忠實的聆聽者。總之，不要讓客戶產生反感。另外，行銷人要善於聽「弦外之音」，做到心有靈犀一點通。

某年6月的一天，某公司的行銷人員阿豔到廣州出差。阿豔是第二次拜訪廣州至尊寶的營運總監周先生。在與客户整個談話的過程中，阿豔的話並不多，但講話很得體，她跟周先生溝通得很好，第二次拜訪就接到周先生下的訂單。

總之，在拜訪客戶的過程中，要談論客戶感興趣的話題，避免雙方的不協調。在談話過程中要儘量以客戶爲中心，擺事實講道理。同時要善於不斷地找到新話題，形成一個完整的拜訪過程。

下面是一位優秀的行銷人員曾談及她拜訪客戶的體會：

(1) 找到適合此次拜訪的開場白；
(2) 用對方感興趣的話題跟他溝通；
(3) 找出好話題，引導對方；
(4) 讓對方對此次要解決的問題做出評估；
(5) 用恰到好處的讚美或表態式的結論加以總結。

溝通是達成共識的關鍵

溝通的核心競爭力在於思維和語言。思維是內容，語言是形式；思維是基礎，語言是創造；思維是內在，語言是外在。只有思路清晰，才能表達清晰，一個優秀的溝通者的標誌，就是思維敏捷。好的思維要包含四大要素：

一、是角度，要有個性而易獲得認同，新穎而不古怪；

二、是深度，既要了解現象，又要透析本質；

三、是清晰度，先要自己「想明白」，再要別人「聽明白」。把抽象轉化爲形象，把複雜的轉化爲簡單的，把概念化的轉化爲生活化的；

四、是靈敏度，反應要快。迅速分析，迅速判斷，迅速整理，迅速表達。

在企業管理中，人性化的管理使得溝通越來越被人們重視。以諮詢行業爲例，溝通乃是每一個諮詢顧問，必須具備的工作技能。諮詢專案的成果常常被人們比做諮詢公司與客戶企業共同努力生出的「孩子」。這其中有「爸爸」的功勞，也有「媽媽」的功勞，缺少一方的努力，這個「孩子」就很難人見人愛。一個專案從前期接洽開始，到專案內容確定、雙方合作確立，再到調研診斷、方案設計，再到推動、落地等諮詢過程中，缺少了諮詢顧問與客戶企業有效的溝通，要獲得諮詢項目的成功是難以想像的。

對於大多數專案，之所以能讓客戶企業與諮詢公司最終決定建立合作關係，一定是在前期接洽的過程中，通過相互之間的認識和了解，雙方都有相當程度的認同感。所以在專案啓動之初，就像是處於「熱戀期」一樣，雙方的溝通是非常頻繁的。

其實，每個人都有一套積累人脈的方式。但是，如何才能有效率地提升人脈競爭力？要提升人脈競爭力有許多技巧，前提是必須具備——「自信與溝通能力」。

在雞尾酒會或婚宴場合，西方人出發前都會先吃點東西，並提早到現場，因爲那是他們認識更多陌生人的機會。但是，中國人對這種場合都有些害羞，不但會遲到，還盡力找認識的人交談，甚至好朋友約好坐一桌，以免碰到陌生人。因此，儘管在你身邊有許多機會，但我們總是平白地讓它們溜走了。

此外，你還要具備溝通能力，其實就是了解別人的能力，包括了解別人的需要、渴望、能力與動機，並給予適當的回應。如何了解？傾聽是了解別人最妙的方式。

幾乎所有的推銷員都認爲在與推銷有關的所有環節中，最困難的莫過於和客戶的溝通。其實，成功地溝通之所以困難，是因爲彼此所處環境不同，立場各異。

其實，眞正的談判是溫和的，沒有殺機的，客戶也想成爲這場交易的勝利者。因此，你要充分掌握與對方溝通的技巧，以友善的態度面對，同時讓客戶充分感覺到你爲他付出的努力。任何買賣只有出現雙贏的局面才能保持長期的業務往來。這是個簡單的常識，之所以要強調這一點，是因爲每天都會有推銷員一再地犯這個錯誤。

搭訕是推銷員每天的功課，每一次的完美演出，就代表他又有了一次成功的出擊！